COLLECTION HETZEL

AVATAR

PAR

THÉOPHILE GAUTIER

Édition spéciale pour la France, interdite
pour l'Étranger.

COLLECTION·HETZEL
JH

PARIS

MICHEL LÉVY FRÈRES

RUE VIVIENNE, 2 BIS

1857

AVATAR

Y 2

PARIS. — IMPRIMERIE DE J. CLAYE

RUE SAINT-BENOIT, 7

COLLECTION HETZEL

AVATAR

PAR

THÉOPHILE GAUTIER

Édition spéciale pour la France, interdite pour l'Étranger.

COLLECTION·HETZEL

JH

PARIS

MICHEL LÉVY FRÈRES

RUE VIVIENNE, 2 BIS

1857

AVATAR

CONTE

I

Personne ne pouvait rien comprendre à la maladie qui minait lentement Octave de Saville. Il ne gardait pas le lit et menait son train de vie ordinaire ; jamais une plainte ne sortait de ses lèvres, et cependant il dépérissait à vue d'œil. Interrogé par les médecins que le forçaient à consulter la sollicitude de ses parents et de ses amis, il n'accusait aucune souffrance précise, et la science ne découvrait en lui nul symptôme alarmant : sa poitrine auscultée rendait un son favorable, et à peine si l'oreille appliquée sur son cœur y surprenait quelque battement trop lent ou trop précipité ; il ne toussait pas, il n'avait pas la

1

fièvre, mais la vie se retirait de lui et fuyait par une de ces fentes invisibles dont l'homme est plein, au dire de Térence.

Quelquefois une bizarre syncope le faisait pâlir et froidir comme un marbre. Pendant une ou deux minutes on eût pu le croire mort; puis le balancier, arrêté par un doigt mystérieux, n'étant plus retenu, reprenait son mouvement, et Octave paraissait se réveiller d'un songe. On l'avait envoyé aux eaux; mais les nymphes thermales ne purent rien pour lui. Un voyage à Naples ne produisit pas un meilleur résultat. Ce beau soleil si vanté lui avait semblé noir comme celui de la gravure d'Albert Durer; la chauve-souris qui porte écrit dans son aile ce mot, *melancholia*, fouettait cet azur étincelant de ses membranes poussiéreuses et voletait entre la lumière et lui; il s'était senti glacé sur le quai de la Mergellina, où les lazzaroni demi-nus se cuisent et donnent à leur peau une patine de bronze.

Il était donc revenu à son petit appartement de la rue Saint-Lazare et avait repris en apparence ses habitudes anciennes.

Cet appartement était aussi confortablement meublé que peut l'être une garçonnière. Mais comme un intérieur prend à la longue la physionomie et peut-être la pensée de celui qui l'habite, le logis d'Octave s'était peu à peu attristé; le damas des rideaux avait pâli et ne laissait plus filtrer qu'une lumière grise. Les grands bouquets de pivoine se flétrissaient sur le fond moins blanc du tapis; l'or des bordures encadrant quelques aquarelles et quelques esquisses de maîtres avait lentement rougi sous une impalpable poussière; le feu découragé s'éteignait et fumait au milieu des cendres. La vieille pendule de Boule incrustée de cuivre et d'écaille verte retenait le bruit de son tic-tac, et le timbre des heures ennuyées parlait bas comme on fait dans une chambre de malade; les portes retombaient silencieuses, et les pas des rares visiteurs s'amortissaient sur la moquette; le rire s'arrêtait de lui-même en pénétrant dans ces chambres mornes, froides et obscures, où cependant rien ne manquait du luxe moderne. Jean, le domestique d'Octave, s'y glissait comme une ombre, un plumeau sous le bras,

un plateau sur la main, car, impressionné à
son insu de la mélancolie du lieu, il avait fini
par perdre sa loquacité. — Aux murailles
pendaient en trophée des gants de boxe, des
masques et des fleurets; mais il était facile
de voir qu'on n'y avait pas touché depuis
longtemps; des livres pris et jetés insouciam-
ment traînaient sur tous les meubles, comme
si Octave eût voulu, par cette lecture machi-
nale, endormir une idée fixe. Une lettre com-
mencée, dont le papier avait jauni, semblait
attendre depuis des mois qu'on l'achevât, et
s'étalait comme un muet reproche au milieu
du bureau. Quoique habité, l'appartement paraissait désert. La vie en était absente, et en
y entrant on recevait à la figure cette bouffée
d'air froid qui sort des tombeaux quand on
les ouvre.

Dans cette lugubre demeure où jamais une
femme n'aventurait le bout de sa bottine, Octave se trouvait plus à l'aise que partout ailleurs, — ce silence, cette tristesse et cet
abandon lui convenaient; le joyeux tumulte
de la vie l'effarouchait, quoiqu'il fît parfois
des efforts pour s'y mêler; mais il revenait

plus sombre des mascarades, des parties ou
des soupers où ses amis l'entraînaient ; aussi
ne luttait-il plus contre cette douleur mystérieuse, et laissait-il aller les jours avec l'in-
différence d'un homme qui ne compte pas sur
le lendemain. Il ne formait aucun projet, ne
croyant plus à l'avenir, et il avait tacitement
envoyé à Dieu sa démission de la vie, attendant qu'il l'acceptât. Pourtant, si vous vous
imaginiez une figure amaigrie et creusée, un
teint terreux, des membres exténués, un
grand ravage extérieur, vous vous trompe-
riez ; tout au plus apercevrait-on quelques
meurtrissures de bistre sous les paupières,
quelques nuances orangées autour de l'orbite,
quelque attendrissement aux tempes sillon-
nées de veines bleuâtres. Seulement l'étincelle de l'âme ne brillait pas dans l'œil, dont
la volonté, l'espérance et le désir s'étaient
envolés. Ce regard mort dans ce jeune visage
formait un contraste étrange, et produisait un
effet plus pénible que le masque décharné,
aux yeux allumés de fièvre, de la maladie ordinaire.

Octave avait été, avant de languir de la

sorte, ce qu'on nomme un joli garçon, et il l'était encore : d'épais cheveux noirs, aux boucles abondantes, se massaient, soyeux et lustrés, de chaque côté de ses tempes ; ses yeux longs, veloutés, d'un bleu nocturne, frangés de cils recourbés, s'allumaient parfois d'une étincelle humide ; dans le repos, et lorsque nulle passion ne les animait, ils se faisaient remarquer par cette quiétude sereine qu'ont les yeux des Orientaux, lorsqu'à la porte d'un café de Smyrne ou de Constantinople ils font le kief après avoir fumé leur narguilhé. Son teint n'avait jamais été coloré, et ressemblait à ces teints méridionaux d'un blanc olivâtre qui ne produisent tout leur effet qu'aux lumières ; sa main était fine et délicate, son pied étroit et cambré. Il se mettait bien, sans précéder la mode ni la suivre en retardataire, et savait à merveille faire valoir ses avantages naturels. Quoiqu'il n'eût aucune prétention de dandy ou de gentleman rider, s'il se fût présenté au Jockey-Club, il n'eût pas été refusé.

Comment se faisait-il que, jeune, beau, riche, avec tant de raisons d'être heureux, un

jeûne homme se consumât si misérablement?
Vous allez dire qu'Octave était blasé, que les
romans à la mode du jour lui avaient gâté la
cervelle de leurs idées malsaines, qu'il ne
croyait à rien, que de sa jeunesse et de sa
fortune gaspillées en folles orgies il ne lui restait que des dettes ; — toutes ces suppositions
manquent de vérité. — Ayant fort peu usé
des plaisirs, Octave ne pouvait en être dé-
goûté ; il n'était ni splénétique, ni romanesque, ni athée, ni libertin, ni dissipateur ; sa
vie avait été jusqu'alors mêlée d'études et de
distractions comme celle des autres jeunes
gens ; il s'asseyait le matin au cours de la
Sorbonne, et le soir il se plantait sur l'escalier de l'Opéra pour voir s'écouler la cascade
des toilettes. On ne lui connaissait ni fille de
marbre ni duchesse, et il dépensait son revenu
sans faire mordre ses fantaisies au capital, —
son notaire l'estimait ; — c'était donc un personnage tout uni, incapable de se jeter au
glacier de Manfred ou d'allumer le réchaud
d'Escousse. Quant à la cause de l'état singulier où il se trouvait et qui mettait en défaut
la science de la faculté, nous n'osons l'avouer,

tellement la chose est invraisemblable à Paris, au xixe siècle, et nous laissons le soin de la dire à notre héros lui-même.

Comme les médecins ordinaires n'entendaient rien à cette maladie étrange, car on n'a pas encore disséqué d'âme aux amphithéâtres d'anatomie, on eut recours en dernier lieu à un docteur singulier, revenu des Indes après un long séjour, et qui passait pour opérer des cures merveilleuses.

Octave, pressentant une perspicacité supérieure et capable de pénétrer son secret, semblait redouter la visite du docteur, et ce ne fut que sur les instances réitérées de sa mère qu'il consentit à recevoir M. Balthazar Cherbonneau.

Quand le docteur entra, Octave était à demi couché sur un divan : un coussin étayait sa tête, un autre lui soutenait le coude, un troisième lui couvrait les pieds ; une gandoura l'enveloppait de ses plis souples et moelleux ; il lisait ou plutôt il tenait un livre, car ses yeux arrêtés sur une page ne regardaient pas. Sa figure était pâle, mais, comme nous l'avons dit, ne présentait pas d'altération bien

sensible. Une observation superficielle n'aurait pas cru au danger chez ce jeune malade,
dont le guéridon supportait une boîte à cigares au lieu des fioles, des lochs, des potions,
des tisanes, et autres pharmacopées de rigueur
en pareil cas. Ses traits purs, quoiqu'un peu
fatigués, n'avaient presque rien perdu de leur
grâce, et, sauf l'atonie profonde et l'incurable
désespérance de l'œil, Octave eût semblé jouir
d'une santé normale.

Quelque indifférent que fût Octave, l'aspect
bizarre du docteur le frappa. M. Balthazar
Cherbonneau avait l'air d'une figure échappée
d'un conte fantastique d'Hoffmann et se promenant dans la réalité stupéfaite de voir cette
création falote. Sa face extrêmement basanée
était comme dévorée par un crâne énorme que
la chute des cheveux faisait paraître plus vaste
encore. Ce crâne nu, poli comme de l'ivoire,
avait gardé ses teintes blanches, tandis que
le masque, exposé aux rayons du soleil, s'était
revêtu, grâce aux superpositions des couches
du hâle, d'un ton de vieux chêne ou de portrait enfumé. Les méplats, les cavités et les
saillies des os s'y accentuaient si vigoureuse-

ment, que le peu de chair qui les recouvrait ressemblait, avec ses mille rides fripées, à une peau mouillée appliquée sur une tête de mort. Les rares poils gris qui flânaient encore sur l'occiput, massés en trois maigres mèches dont deux se dressaient au-dessus des oreilles et dont la troisième partait de la nuque pour mourir à la naissance du front, faisaient regretter l'usage de l'antique perruque à marteaux ou de la moderne tignasse de chiendent, et couronnaient d'une façon grotesque cette physionomie de casse-noisettes. Mais ce qui occupait invinciblement chez le docteur, c'étaient les yeux ; au milieu de ce visage tanné par l'âge, calciné à des cieux incandescents, usé dans l'étude, où les fatigues de la science et de la vie s'écrivaient en sillages profonds, en pattes d'oie rayonnantes, en plis plus pressés que les feuillets d'un livre, étincelaient deux prunelles d'un bleu de turquoise, d'une limpidité, d'une fraîcheur et d'une jeunesse inconcevables. Ces étoiles bleues brillaient au fond d'orbites brunes et de membranes concentriques dont les cercles fauves rappelaient vaguement les plumes disposées en auréole

autour de la prunelle nyctalope des hiboux.
On eût dit que, par quelque sorcellerie ap-
prise des brahmes et des pandits, le docteur
avait volé des yeux d'enfant et se les était
ajustés dans sa face de cadavre. Chez le vieil-
lard, le regard marquait vingt ans ; chez le
jeune homme, il en marquait soixante.

Le costume était le costume classique du
médecin : habit et pantalon de drap noir,
gilet de drap de soie de même couleur, et sur
la chemise un gros diamant, présent de quelque rajah ou de quelque nabab. Mais ces vêtements flottaient comme s'ils eussent été
accrochés à un porte-manteau, et dessinaient
des plis perpendiculaires que les fémurs et
les tibias du docteur cassaient en angles aigus
lorsqu'il s'asseyait Pour produire cette maigreur phénoménale, le dévorant soleil de
l'Inde n'avait pas suffi. Sans doute Balthazar
Cherbonneau s'était soumis, dans quelque but
d'initiation, aux longs jeûnes des fakirs et
tenu sur la peau de gazelle auprès des yoghis
entre les quatre réchauds ardents ; mais cette
déperdition de substance n'accusait aucun
affaiblissement. Des ligaments solides et ten-

dus sur les mains comme les cordes sur le manche d'un violon reliaient entre eux les osselets décharnés des phalanges et les faisaient mouvoir sans trop de grincements.

Le docteur s'assit sur le siége qu'Octave lui désignait de la main à côté du divan, en faisant des coudes comme un mètre qu'on reploie et avec des mouvements qui indiquaient l'habitude invétérée de s'accroupir sur des nattes. Ainsi placé, M. Cherbonneau tournait le dos à la lumière, qui éclairait en plein le visage de son malade, situation favorable à l'examen et que prennent volontiers les observateurs, plus curieux de voir que d'être vus. Quoique la figure du docteur fût baignée d'ombre et que le haut de son crâne, luisant et arrondi comme un gigantesque œuf d'autruche, accrochât seul au passage un rayon du jour, Octave distinguait la scintillation des étranges prunelles bleues qui semblaient douées d'une lueur propre comme les corps phosphorescents : il en jaillissait un rayon aigu et clair que le jeune malade recevait en pleine poitrine avec cette sensation de picotement et de chaleur produite par l'émétique.

« Eh bien, monsieur, » dit le docteur après un moment de silence pendant lequel il parut résumer les indices reconnus dans son inspection rapide, « je vois déjà qu'il ne s'agit pas avec vous d'un cas de pathologie vulgaire ; vous n'avez aucune de ces maladies cataloguées, à symptômes bien connus, que le médecin guérit ou empire ; et quand j'aurai causé quelques minutes, je ne vous demanderai pas du papier pour y tracer une anodine formule du *Codex* au bas de laquelle j'apposerai une signature hiéroglyphique et que votre valet de chambre portera au pharmacien du coin. »

Octave sourit faiblement, comme pour remercier M. Cherbonneau de lui épargner d'inutiles et fastidieux remèdes.

« Mais, » continua le docteur, « ne vous réjouissez pas si vite ; de ce que vous n'avez ni hypertrophie du cœur, ni tubercules au poumon, ni ramollissement de la moelle épinière, ni épanchement séreux au cerveau, ni fièvre typhoïde ou nerveuse, il ne s'ensuit pas que vous soyez en bonne santé. Donnez-moi votre main. »

Croyant que M. Cherbonneau allait lui tâter le pouls et s'attendant à lui voir tirer sa montre à secondes, Octave retroussa la manche de sa gandoura, mit son poignet à découvert et le tendit nonchalamment au docteur. Sans chercher du pouce cette pulsation rapide ou lente qui indique si l'horloge de la vie est détraquée chez l'homme, M. Cherbonneau prit dans sa patte brune, dont les doigts osseux ressemblaient à des pinces de crabe, la main fluette, veinée et moite du jeune homme ; il la palpa, la pétrit, la malaxa en quelque sorte comme pour se mettre en communication magnétique avec son sujet. Octave, bien qu'il fût sceptique en médecine, ne pouvait s'empêcher d'éprouver une certaine émotion anxieuse, car il lui semblait que le docteur lui soutirait l'âme par cette pression, et le sang avait tout à fait abandonné ses pommettes.

« Cher monsieur Octave, » dit le médecin en laissant aller la main du jeune homme, « votre situation est plus grave que vous ne pensez, et la science, telle du moins que la pratique la vieille routine européenne, n'y peut rien : vous n'avez plus la volonté de

vivre, et votre âme se détache insensiblement
de votre corps ; il n'y a chez vous ni hypocondrie, ni lypémanie, ni tendance mélancolique au suicide. — Non ! — cas rare et curieux, vous pourriez, si je ne m'y opposais,
mourir sans aucune lésion intérieure ou ex-
terne appréciable. Il était temps de m'appeler, car l'esprit ne tient plus à la chair que
par un fil ; mais nous allons y faire un bon
nœud. » Et le docteur se frotta joyeusement
les mains en grimaçant un sourire qui déter-
mina un remous de rides dans les mille plis
de sa figure.

« Monsieur Cherbonneau, je ne sais si vous
me guérirez, et, après tout, je n'en ai nulle
envie, mais je dois avouer que vous avez pénétré du premier coup la cause de l'état mystérieux où je me trouve. Il me semble que
mon corps est devenu perméable, et laisse
échapper mon moi comme un crible l'eau
par ses trous. Je me sens fondre dans le
grand tout, et j'ai peine à me distinguer du
milieu où je plonge. La vie dont j'accomplis,
autant que possible, la pantomime habituelle,
pour ne pas chagriner mes parents et mes

amis, me paraît si loin de moi, qu'il y a des instants où je me crois déjà sorti de la sphère humaine : je vais et je viens par les motifs qui me déterminaient autrefois, et dont l'impulsion mécanique dure encore, mais sans participer à ce que je fais. Je me mets à table aux heures ordinaires, et je parais manger et boire, quoique je ne sente aucun goût aux plats les plus épicés et aux vins les plus forts : la lumière du soleil me semble pâle comme celle de la lune, et les bougies ont des flammes noires. J'ai froid aux plus chauds jours de l'été ; parfois il se fait en moi un grand silence comme si mon cœur ne battait plus et· que les rouages intérieurs fussent arrêtés par une cause inconnue. La mort ne doit pas être différente de cet état si elle est appréciable pour les défunts. »

« Vous avez, » reprit le docteur, « une impossibilité de vivre chronique, maladie toute morale et plus fréquente qu'on ne pense. La pensée est une force qui peut tuer comme l'acide prussique, comme l'étincelle de la bouteille de Leyde, quoique la trace de ses ravages ne soit pas saisissable aux faibles moyens d'analyse dont la science vulgaire dispose. Quel chagrin a enfoncé son bec crochu dans votre foie ? Du haut de quelle ambition secrète êtes-vous retombé brisé et moulu ? Quel désespoir amer ruminez-vous dans l'immobilité ? Est-ce la soif du pouvoir qui vous tourmente ? Avez-vous renoncé volontairement à un but placé hors de la portée humaine ? — Vous êtes bien jeune pour cela. — Une femme vous a-t-elle trompé ? »

« Non, docteur, » répondit Octave, « je n'ai pas même eu ce bonheur. »

« Et cependant, » reprit M. Balthazar Cherbonneau, « je lis dans vos yeux ternes, dans l'habitude découragée de votre corps, dans le timbre sourd de votre voix, le titre d'une pièce de Shakspeare aussi nettement que s'il était estampé en lettres d'or sur le dos d'une reliure de maroquin. »

« Et quelle est cette pièce que je traduis sans le savoir ? » dit Octave, dont la curiosité s'éveillait malgré lui.

« *Love's labour's lost*, » continua le docteur avec une pureté d'accent qui trahissait un long séjour dans les possessions anglaises de l'Inde.

2

« Cela veut dire, si je ne me trompe, *peines d'amour perdues.* »

« Précisément. »

Octave ne répondit pas ; une légère rougeur colora ses joues, et, pour se donner une contenance, il se mit à jouer avec le gland de sa cordelière : le docteur avait reployé une de ses jambes sur l'autre, ce qui produisait l'effet des os en sautoir gravés sur les tombes, et se tenait le pied avec la main à la mode orientale. Ses yeux bleus se plongeaient dans les yeux d'Octave et les interrogeaient d'un regard impérieux et doux.

« Allons, » dit M. Balthazar Cherbonneau, « ouvrez-vous à moi, je suis le médecin des âmes, vous êtes mon malade, et, comme le prêtre catholique à son pénitent, je vous demande une confession complète, et vous pourrez la faire sans vous mettre à genoux. »

« A quoi bon ? En supposant que vous ayez deviné juste, vous raconter mes douleurs ne les soulagerait pas. Je n'ai pas le chagrin bavard, — aucun pouvoir humain, même le vôtre, ne saurait me guérir. »

« Peut-être, » fit le docteur en s'établissant

plus carrément dans son fauteuil, comme quelqu'un qui se dispose à écouter une confidence d'une certaine longueur.

« Je ne veux pas, » reprit Octave, « que vous m'accusiez d'un entêtement puéril, et vous laisser, par mon mutisme, un moyen de vous laver les mains de mon trépas ; mais, puisque vous y tenez, je vais vous raconter mon histoire ; — vous en avez deviné le fond, je ne vous en disputerai pas les détails. Ne vous attendez à rien de singulier ou de romanesque. C'est une aventure très-simple, très-commune, très-usée ; mais, comme dit la chanson de Henri Heine, celui à qui elle arrive la trouve toujours nouvelle, et il en a le cœur brisé. En vérité, j'ai honte de dire quelque chose de si vulgaire à un homme qui a vécu dans les pays les plus fabuleux et les plus chimériques. »

« N'ayez aucune crainte ; il n'y a plus que le commun qui soit extraordinaire pour moi, » dit le docteur en souriant.

« Eh bien, docteur, je me meurs d'amour, »

II

« Je me trouvais·à Florence vers la fin de l'été, en 184..., la plus belle saison pour voir Florence. J'avais du temps, de l'argent, de bonnes lettres de recommandation, et alors j'étais un jeune homme de belle humeur, ne demandant pas mieux que de s'amuser. Je m'installai sur le Long-Arno, je louai une calèche et je me laissai aller à cette douce vie florentine qui a tant de charme pour l'étranger. Le matin, j'allais visiter quelque église, quelque palais ou quelque galerie tout à mon aise, sans me presser, ne voulant pas me donner cette indigestion de chefs-d'œuvre qui, en Italie, fait venir aux touristes trop hâtifs la nausée de l'art; tantôt je regardais les portes de bronze du Baptistère, tantôt le Persée de Benvenuto sous la loggia dei Lanzi, le portrait de la Fornarina aux Offices, ou bien encore la Vénus de Canova au palais Pitti, mais jamais plus d'un objet à la fois.

Puis je déjeunais au café Doney, d'une tasse de café à la glace, je fumais quelques cigares, parcourais les journaux, et, la boutonnière fleurie de gré ou de force par ces jolies bouquetières coiffées de grands chapeaux de paille qui stationnent devant le café, je rentrais chez moi faire la sieste ; à trois heures la calèche venait me prendre et me transportait aux *Cascines*. Les Cascines sont à Florence ce que le bois de Boulogne est à Paris, avec cette différence que tout le monde s'y connaît, et que le rond-point forme un salon en plein air, où les fauteuils sont remplacés par les voitures, arrêtées et rangées en demi-cercle. Les femmes, en grande toilette, à demi couchées sur les coussins, reçoivent les visites des amants et des attentifs, des dandies et des attachés de légation, qui se tiennent debout et chapeau bas sur le marchepied. — Mais vous savez cela tout aussi bien que moi. — Là se forment les projets pour la soirée, s'assignent les rendez-vous, se donnent les réponses, s'acceptent les invitations ; c'est comme une Bourse du plaisir qui se tient de trois heures à cinq heures, à l'ombre de beaux arbres, sous le ciel le plus doux du monde. Il est obligatoire, pour tout être un peu bien situé, de faire chaque jour une apparition aux Cascines. Je n'avais garde d'y manquer, et le soir, après dîner, j'allais dans quelques salons, ou à la Pergola, lorsque la cantatrice en valait la peine.

Je passai ainsi un des plus heureux mois de ma vie; mais ce bonheur ne devait pas durer. Une magnifique calèche fit un jour son début aux Cascines. Ce superbe produit de la carrosserie de Vienne, chef-d'œuvre de Laurenzi, miroité d'un vernis étincelant, historié d'un blason presque royal, était attelé de la plus belle paire de chevaux qui ait jamais piaffé à Hyde-Park ou à Saint-James au Drawing-Room de la reine Victoria, et mené à la Daumont de la façon la plus correcte par un tout jeune jockey en culotte de peau blanche et en casaque verte; les cuivres des harnais, les boîtes des roues, les poignées des portières brillaient comme de l'or et lançaient des éclairs au soleil; tous les regards suivaient ce splendide équipage qui, après avoir décrit sur le sable une courbe aussi régulière que si elle eût été tracée au compas, alla se ranger auprès des voitures. La calèche n'était pas vide, comme vous le pensez bien ; mais dans la rapidité du mouvement l'on n'avait pu distinguer qu'un bout de bottine allongé sur le coussin de devant, un large pli de châle et le disque d'une ombrelle frangée de soie blanche. L'ombrelle se referma et l'on vit resplendir une femme d'une beauté incomparable. J'étais à cheval et je pus m'approcher assez pour ne perdre aucun détail de ce chef-d'œuvre humain. L'étrangère portait une robe de ce vert d'eau glacé d'argent qui fait paraître noire comme une taupe toute femme dont le teint n'est pas irréprochable, — une insolence de blonde sûre d'elle-même. — Un grand crêpe de Chine blanc, tout bossué de broderies de la même couleur, l'enveloppait de sa draperie souple et fripée à petits plis, comme une tunique de Phidias. Le visage avait pour auréole un chapeau de la plus fine paille de Florence, fleuri de myosotis et de délicates plantes aquatiques aux étroites feuilles glauques ; pour tout bi-

jou, un lézard d'or constellé de turquoises cerclait le bras qui tenait le manche d'ivoire de
l'ombrelle.

Pardonnez, cher docteur, cette description
de journal de mode à un amant pour qui ces
menus souvenirs prennent une importance
énorme. D'épais bandeaux blonds crespelés,
dont les annelures formaient comme des
vagues de lumière, descendaient en nappes
opulentes des deux côtés de son front plus
blanc et plus pur que la neige vierge tombée
dans la nuit sur le plus haut sommet d'une
Alpe ; des cils longs et déliés comme ces fils
d'or que les miniaturistes du moyen âge font
rayonner autour des têtes de leurs anges,
voilaient à demi ses prunelles d'un bleu vert
pareil à ces lueurs qui traversent les glaciers
par certains effets de soleil ; sa bouche, divi-
nement dessinée, présentait ces teintes pour-
prées qui lavent les valves des conques de
Vénus, et ses joues ressemblaient à de timides
roses blanches que ferait rougir l'aveu du
rossignol ou le baiser du papillon ; aucun
pinceau humain ne saurait rendre ce teint
d'une suavité, d'une fraîcheur et d'une trans-

parence immatérielles, dont les couleurs ne paraissaient pas dues au sang grossier qui enlumine nos fibres; les premières rougeurs de l'aurore sur la cime des sierras-nevadas, le ton carné de quelques camellias blancs, à l'onglet de leurs pétales, le marbre de Paros, entrevu à travers un voile de gaze rose, peuvent seuls en donner une idée lointaine. Ce qu'on apercevait du col entre les brides du chapeau et le haut du châle étincelait d'une blancheur irisée, au bord des contours, de vagues reflets d'opale. Cette tête éclatante ne saisissait pas d'abord par le dessin, mais bien par le coloris, comme les belles productions de l'école vénitienne, quoique ses traits fussent aussi purs et aussi délicats que ceux des profils antiques découpés dans l'agate des camées.

Comme Roméo oublie Rosalinde à l'aspect de Juliette, à l'apparition de cette beauté suprême j'oubliai mes amours d'autrefois. Les pages de mon cœur redevinrent blanches: tout nom, tout souvenir en disparurent. Je ne comprenais pas comment j'avais pu trouver quelque attrait dans ces liaisons vulgaires que peu de jeunes gens évitent, et je me les reprochai comme de coupables infidélités. Une vie nouvelle data pour moi de cette fatale rencontre.

. La calèche quitta les Cascines et reprit le chemin de la ville, emportant l'éblouissante vision ; je mis mon cheval auprès de celui d'un jeune Russe très-aimable, grand coureur d'eaux, répandu dans tous les salons cosmopolites d'Europe, et qui connaissait à fond le personnel voyageur de la haute vie ; j'amenai la conversation sur l'étrangère, et j'appris que c'était la comtesse Prascovie Labinska, une Lithuanienne de naissance illustre et de grande fortune, dont le mari faisait depuis deux ans la guerre du Caucase.

Il est inutile de vous dire quelles diplomaties je mis en œuvre pour être reçu chez la comtesse que l'absence du comte rendait très-réservée à l'endroit des présentations ; enfin, je fus admis ; — deux princesses douairières et quatre baronnes hors d'âge répondaient de moi sur leur antique vertu.

La comtesse Labinska avait loué une villa magnifique, ayant appartenu jadis aux Sal-

viati, à une demi-lieue de Florence, et en
quelques jours elle avait su installer tout le
confortable moderne dans l'antique manoir,
sans en troubler en rien la beauté sévère et
l'élégance sérieuse. De grandes portières
armoriées s'agrafaient heureusement aux arcades ogivales ; des fauteuils et des meubles
de forme ancienne s'harmonisaient avec les
murailles couvertes de boiseries brunes ou
de fresques d'un ton amorti et passé comme
celui des vieilles tapisseries ; aucune couleur
trop neuve, aucun or trop brillant n'agaçait
l'œil, et le présent ne dissonait pas au milieu du passé. — La comtesse avait l'air si
naturellement châtelaine, que le vieux palais
semblait bâti exprès pour elle.

Si j'avais été séduit par la radieuse beauté
de la comtesse, je le fus bien davantage encore au bout de quelques visites par son
esprit si rare, si fin, si étendu ; quand elle
parlait sur quelque sujet intéressant, l'âme
lui venait à la peau, pour ainsi dire, et se
faisait visible. Sa blancheur s'illuminait
comme l'albâtre d'une lampe d'un rayon
intérieur : il y avait dans son teint de ces

scintillations phosphorescentes, de ces trem-
blements lumineux dont parle Dante lorsqu'il
peint les splendeurs du paradis; on eût dit
un ange se détachant en clair sur un soleil.
Je restais ébloui, extatique et stupide. Abîmé
dans la contemplation de sa beauté, ravi aux
sons de sa voix céleste qui faisait de chaque
idiome une musique ineffable, lorsqu'il me
fallait absolument répondre, je balbutiais
quelques mots incohérents qui devaient lui
donner la plus pauvre idée de mon intelli-
gence, quelquefois même un imperceptible
sourire d'une ironie amicale passait comme
une lueur rose sur ses lèvres charmantes à
certaines phrases, qui dénotaient, de ma
part, un trouble profond ou une incurable
sottise.

Je ne lui avais encore rien dit de mon
amour; devant elle j'étais sans pensée, sans
force, sans courage; mon cœur battait
comme s'il voulait sortir de ma poitrine et
s'élancer sur les genoux de sa souveraine.
Vingt fois j'avais résolu de m'expliquer, mais
une insurmontable timidité me retenait; le
moindre air froid ou réservé de la comtesse

me causait des transes mortelles, et compa-
rables à celles du condamné qui, la tête sur
le billot, attend que l'éclair de la hache lui
traverse le cou. Des contractions nerveuses
m'étranglaient, des sueurs glacées baignaient
mon corps. Je rougissais, je pâlissais et je
sortais sans avoir rien dit, ayant peine à
trouver la porte et chancelant comme un
homme ivre sur les marches du perron.

Lorsque j'étais dehors, mes facultés me re-
venaient et je lançais au vent les dithyrambes
les plus enflammés. J'adressais à l'idole absente mille déclarations d'une éloquence irrésistible. J'égalais dans ces apostrophes muettes
les grands poëtes de l'amour. — Le Cantique
des cantiques de Salomon avec son vertigineux
parfum oriental et son lyrisme halluciné de
haschich, les sonnets de Pétrarque avec leurs
subtilités platoniques et leurs délicatesses
éthérées, l'Intermezzo de Henri Heine avec
sa sensibilité nerveuse et délirante n'ap-
prochent pas de ces effusions d'âme intaris-
sables où s'épuisait ma vie. Au bout de chacun de ces monologues, il me semblait que
la comtesse vaincue devait descendre du ciel

sur mon cœur, et plus d'une fois je me croisai les bras sur ma poitrine, pensant les renfermer sur elle.

J'étais si complétement possédé que je passais des heures à murmurer en façon de litanies d'amour ces deux mots : — Prascovie Labinska, — trouvant un charme indéfinissable dans ces syllabes tantôt égrenées lentement comme des perles, tantôt dites avec la volubilité fiévreuse du dévot que sa prière même exalte. D'autres fois, je traçais le nom adoré sur les plus belles feuilles de vélin, en y apportant les recherches calligraphiques des manuscrits du moyen âge, rehauts d'or, fleurons d'azur, ramages de sinople. J'usais à ce labeur d'une minutie passionnée et d'une perfection puérile les longues heures qui séparaient mes visites à la comtesse. Je ne pouvais lire ni m'occuper de quoi que ce fût. Rien ne m'intéressait hors de Prascovie, et je ne décachetais même· pas les lettres qui me venaient de France. A plusieurs reprises je fis des efforts pour sortir de cet état; j'essayai de me rappeler les axiomes de séduction acceptés par les jeunes gens, les strata-

gèmes qu'emploient les Valmont du café de
Paris et les don Juan du Jockey-Club ; mais à
l'exécution le cœur me manquait, et je re-
grettais de ne pas avoir, comme le Julien
Sorel de Stendhal, un paquet d'épîtres pro-
gressives à copier pour les envoyer à la comtesse. Je me contentais d'aimer, me donnant
tout entier sans rien demander en retour,
sans espérance même lointaine, car mes rêves
les plus audacieux osaient à peine effleurer
de leurs lèvres le bout des doigts rosés de
Prascovie. Au xvᵉ siècle, le jeune novice le
front sur les marches de l'autel, le chevalier
agenouillé dans sa raide armure, ne devaient
pas avoir pour la madone une adoration plus
prosternée. »

M. Balthazar Cherbonneau avait écouté
Octave avec une attention profonde, car pour
lui le récit du jeune homme n'était pas seulement une histoire romanesque, et il se dit
comme à lui-même pendant une pause du
narrateur : « Oui, voilà bien le diagnostic de
l'amour-passion, une maladie curieuse et que
je n'ai rencontrée qu'une fois, — à Chander-
nagor, — chez une jeune paria éprise d'un

brahme; elle en mourut, la pauvre fille, mais c'était une sauvage; vous, monsieur Octave, vous êtes un civilisé, et nous vous guérirons. » Sa parenthèse fermée, il fit signe de la main à M. de Saville de continuer; et, reployant sa jambe sur la cuisse comme la patte articulée d'une sauterelle, de manière à faire soutenir son menton par son genou, il s'établit dans cette position impossible pour tout autre, mais qui semblait spécialement commode pour lui.

« Je ne veux pas vous ennuyer du détail de mon martyre secret, » continua Octave; « j'arrive à une scène décisive. Un jour, ne pouvant plus modérer mon impérieux désir de voir la comtesse, je devançai l'heure de ma visite accoutumée; il faisait un temps orageux et lourd. Je ne trouvai pas Mme Labinska au salon. Elle s'était établie sous un portique soutenu de sveltes colonnes, ouvrant sur une terrasse par laquelle on descendait au jardin; elle avait fait apporter là son piano, un canapé et des chaises de jonc; des jardinières, comblées de fleurs splendides — nulle part elles ne sont si fraîches ni si

odorantes qu'à Florence — remplissaient les
entre-colonnements, et imprégnaient de leur
parfum les rares bouffées de brise qui ve-
vaient de l'Apennin. Devant soi, par l'ouverture des arcades, l'on apercevait les ifs et les
buis taillés du jardin, d'où s'élançaient quelques cyprès centenaires, et que peuplaient
des marbres mythologiques dans le goût tour-
menté de Baccio Bandinelli ou de l'Amma-
nato. Au fond, au-dessus de la silhouette de
Florence, s'arrondissait le dôme de Santa
Maria del Fiore et jaillissait le beffroi carré du
palazzo Vecchio.

La comtesse était seule, à demi couchée
sur le canapé de jonc; jamais elle ne m'avait
paru si belle; son corps nonchalant, allangui
par la chaleur, baignait comme celui d'une
nymphe marine dans l'écume blanche d'un
ample peignoir de mousseline des Indes que
bordait du haut en bas une garniture bouil-
lonnée comme la frange d'argent d'une vague;
une broche en acier niellé du Khorassan fer-
mait à la poitrine cette robe aussi légère que
la draperie qui voltige autour de la Victoire
rattachant sa sandale. Des manches ouvertes

3

à partir de la saignée, comme les pistils du
calice d'une fleur, sortaient ses bras d'un ton
plus pur que celui de l'albâtre où les sta-
tuaires florentins taillent des copies de statues antiques; un large ruban noir noué à la
ceinture, et dont les bouts retombaient, tran-
chait vigoureusement sur toute cette blancheur. Ce que ce contraste de nuances attri-
buées au deuil aurait pu avoir de triste, était
égayé par le bec d'une petite pantoufle cir-
cassienne sans quartier en maroquin bleu,
gaufrée d'arabesques jaunes, qui pointait sous
le dernier pli de la mousseline.

Les cheveux blonds de la comtesse, dont
les bandeaux bouffants, comme s'ils eussent
été soulevés par un souffle, découvraient son
front pur et ses tempes transparentes, formaient comme un nimbe, où la lumière pétil-
lait en étincelles d'or.

Près d'elle, sur une chaise, palpitait au
vent un grand chapeau de paille de riz, orné
de longs rubans noirs pareils à celui de la
robe, et gisait une paire de gants de Suède
qui n'avaient pas été mis. A mon aspect,
Prascovie ferma le livre qu'elle lisait — les

poésies de Mickiewicz — et me fit un petit
signe de tête bienveillant ; elle était seule, —
circonstance favorable et rare. — Je m'assis
en face d'elle sur le siége qu'elle me désigna.
Un de ces silences, pénibles quand ils se pro-
longent, régna quelques minutes entre nous.
Je ne trouvais à mon service aucune de ces
banalités de la conversation ; ma tête s'em-
barrassait, des vagues de flammes me montaient du cœur aux yeux, et mon amour me
criait : « Ne perds pas cette occasion suprême. »

J'ignore ce que j'eusse fait, si la comtesse,
devinant la cause de mon trouble, ne se fût
redressée à demi en tendant vers moi sa
belle main, comme pour me fermer la bouche.

« Ne dites pas un mot, Octave ; vous m'aimez, je le sais, je le sens, je le crois ; je ne
vous en veux point, car l'amour est involontaire. D'autres femmes plus sévères se mon-
treraient offensées ; moi, je vous plains, car
je ne puis vous aimer, et c'est une tristesse
pour moi d'être votre malheur. — Je regrette
que vous m'ayez rencontrée, et maudis le
caprice qui m'a fait quitter Venise pour Flo-

rence. J'espérais d'abord que ma froideur persistante vous lasserait et vous éloignerait ; mais le vrai amour, dont je vois tous les signes dans vos yeux, ne se rebute de rien. Que ma douceur ne fasse naître en vous aucune illusion, aucun rêve, et ne prenez pas ma pitié pour un encouragement. Un ange au bouclier de diamant, à l'épée flamboyante, me garde contre toute séduction, mieux que la religion, mieux que le devoir, mieux que la vertu ; — et cet ange, c'est mon amour : — j'adore le comte Labinski. J'ai le bonheur d'avoir trouvé la passion dans le mariage. »

Un flot de larmes jaillit de mes paupières à cet aveu si franc, si loyal et si noblement pudique, et je sentis en moi se briser le ressort de ma vie.

Prascovie, émue, se leva, et, par un mouvement de gracieuse pitié féminine, passa son mouchir de batiste sur mes yeux :

« Allons, ne pleurez pas, me dit-elle, je vous le défends. Tâchez de penser à autre chose, imaginez que je suis partie à tout jamais, que je suis morte ; oubliez-moi. Voyagez, travaillez, faites du bien, mêlez-vous

activement à la vie humaine; consolez-vous
dans un art ou un amour... »

Je fis un geste de dénégation.

« Croyez-vous souffrir moins en continuant
à me voir? reprit la comtesse; venez, je vous
recevrai toujours. Dieu dit qu'il faut pardon-
ner à ses ennemis; pourquoi traiterait-on
plus mal ceux qui nous aiment? Cependant
l'absence me paraît un remède plus sûr. —
Dans deux ans nous pourrons nous serrer la
main sans péril, — pour vous, » ajouta-t-elle
en essayant de sourire.

Le lendemain je quittai Florence; mais ni
l'étude, ni les voyages, ni le temps, n'ont
diminué ma souffrance, et je me sens mourir:
ne m'en empêchez pas, docteur !

« Avez-vous revu la comtesse Prascovie
Labinska? » dit le docteur, dont les yeux
bleus scintillaient bizarrement.

— Non, répondit Octave, mais elle est à
Paris. » Et il tendit à M. Balthazar Cherbonneau une carte gravée sur laquelle on lisait:

« La comtesse Prascovie Labinska est chez
elle le jeudi. »

III

Parmi les promeneurs assez rares alors qui
suivaient aux Champs-Élysées l'avenue Gabriel, à partir de l'ambassade ottomane jusqu'à l'Élysée Bourbon, préférant au tourbillon
poussiéreux et à l'élégant fracas de la grande
chaussée l'isolement, le silence et la calme
fraîcheur de cette route bordée d'arbres d'un
côté et de l'autre de jardins, il en est peu qui
ne se fussent arrêtés, tout rêveurs et avec un
sentiment d'admiration mêlé d'envie, devant
une poétique et mystérieuse retraite, où, chose
rare, la richesse semblait loger le bonheur.

A qui n'est-il pas arrivé de suspendre sa
marche à la grille d'un parc, de regarder longtemps la blanche villa à travers les massifs
de verdure, et de s'éloigner le cœur gros,
comme si le rêve de sa vie était caché derrière ces murailles? Au contraire, d'autres
habitations, vues ainsi du dehors, vous inspi-
rent une tristesse indéfinissable; l'ennui,

l'abandon, la désespérance glacent la façade de leurs teintes grises et jaunissent les cimes à demi chauves des arbres ; les statues ont des lèpres de mousse, les fleurs s'étiolent, l'eau des bassins verdit, les mauvaises herbes envahissent les sentiers malgré le racloir ; les oiseaux, s'il y en a, se taisent.

Les jardins en contre-bas de l'allée en étaient séparés par un saut-de-loup et se prolongeaient en bandes plus ou moins larges jusqu'aux hôtels, dont la façade donnait sur la rue du Faubourg-Saint-Honoré. Celui dont nous parlons se terminait au fossé par un remblai que soutenait un mur de grosses roches choisies pour l'irrégularité curieuse de leurs formes, et qui, se relevant de chaque côté en manière de coulisses, encadraient de leurs aspérités rugueuses et de leurs masses sombres le frais et vert paysage resserré entre elles.

Dans les anfractuosités de ces roches, le cactier raquette, l'asclépiade incarnate, le millepertuis, la saxifrage, la cymbalaire, la joubarbe, la lychnide des Alpes, le lierre d'Irlande trouvaient assez de terre végétale pour nourrir leurs racines et découpaient leurs verdures variées sur le·fond vigoureux de la pierre ; — un peintre n'eût pas disposé, au premier plan de son tableau, un meilleur repoussoir.

Les murailles latérales qui fermaient ce paradis terrestre disparaissaient sous un rideau de plantes grimpantes, aristoloches, grenadilles bleues, campanules, chèvre·feuille, gypsophiles, glycines de Chine, périplocas de Grèce dont les griffes, les vrilles et les tiges s'enlaçaient à un treillis vert, car le bonheur lui-même ne veut pas être emprisonné ; et grâce à cette disposition le jardin ressemblait à une clairière dans une forêt plutôt qu'à un parterre assez étroit circonscrit par les clôtures de la civilisation.

Un peu en arrière des masses de rocaille, étaient groupés quelques bouquets d'arbres au port élégant, à la frondaison vigoureuse, dont les feuillages contrastaient pittoresquement : vernis du Japon, thuyas du Canada, planes de Virginie, frênes verts, saules blancs, micocouliers de Provence, que dominaient deux ou trois mélèzes. Au delà des arbres s'étalait un gazon de ray-grass, dont pas une pointe d'herbe ne dépassait l'autre, un gazon plus fin, plus soyeux que le velours d'un manteau de reine, de cet idéal vert d'émeraude qu'on n'obtient qu'en Angleterre devant le perron des manoirs féodaux, moelleux tapis naturel que l'œil aime à caresser et que le pas craint de fouler, moquette végétale où, le jour, peuvent seuls se rouler au soleil la gazelle familière avec le jeune baby ducal dans sa robe de dentelles, et, la nuit, glisser au clair de lune quelque Titania du West-End la main enlacée à celle d'un Oberon porté sur le livre du peerage et du baronetage.

Une allée de sable tamisée au crible, de peur qu'une valve de coquille ou qu'un angle de silex ne blessât les pieds aristocratiques qui y laissaient leur délicate empreinte, circulait comme un ruban jaune autour de cette nappe verte, courte et drue, que le rouleau égalisait, et dont la pluie factice de l'arrosoir entretenait la fraîcheur humide, même aux jours les plus desséchants de l'été.

Au bout de la pièce de gazon éclatait, à l'époque où se passe cette histoire, un vrai

feu d'artifice fleuri tiré par un massif de gé-
raniums, dont les étoiles écarlates flambaient
sur le fond brun d'une terre de bruyère.

L'élégante façade blanche de l'hôtel terminait la perspective; de sveltes colonnes d'ordre ionique soutenant l'attique surmonté à
chaque angle d'un gracieux groupe de marbre, lui donnaient l'apparence d'un temple
grec transporté là par le caprice d'un million-
naire, et corrigeaient, en éveillant une idée
de poésie et d'art, ce que tout ce luxe aurait pu
avoir de trop fastueux; dans les entre-colonnements, des stores rayés de larges bandes
roses et presque toujours baissés abritaient
et dessinaient les fenêtres, qui s'ouvraient de
plain-pied sous le portique comme des portes
de glace.

Lorsque le ciel fantasque de Paris daignait
étendre un pan d'azur derrière ce palazzino,
les lignes s'en dessinaient si heureusement
entre les touffes de verdure, qu'on pouvait les
prendre pour le pied-à-terre de la Reine des
fées, ou pour un tableau de Baron agrandi.

De chaque côté de l'hôtel s'avançaient dans
le jardin deux serres formant ailes, dont les

parois de cristal se diamantaient au soleil entre leurs nervures dorées, et faisaient à une foule de plantes exotiques les plus rares et les plus précieuses l'illusion de leur climat natal.

Si quelque poëte matineux eût passé avenue Gabriel aux premières rougeurs de l'aurore, il eût entendu le rossignol achever les derniers trilles de son nocturne, et vu le merle se promener en pantoufles jaunes dans l'allée du jardin comme un oiseau qui est chez lui; mais la nuit, après que les roulements des voitures revenant de l'Opéra se sont éteints au milieu du silence de la ville endormie, ce même poëte aurait vaguement distingué une ombre blanche au bras d'un beau jeune homme, et serait remonté dans sa mansarde solitaire l'âme triste jusqu'à la mort.

C'était là qu'habitaient depuis quelque temps — le lecteur l'a sans doute déjà deviné — la comtesse Prascovie Labinska et son mari le comte Olaf Labinski, revenu de la guerre du Caucase après une glorieuse campagne, où, s'il ne s'était pas battu corps à corps avec le mystique et insaisissable Schamyl, certainement il avait eu affaire aux

plus fanatiquement dévoués des Mourides de
l'illustre scheyck. Il avait évité les balles
comme les braves les évitent, en se précipi-
tant au-devant d'elles, et les damas courbes
des sauvages guerriers s'étaient brisés sur sa
poitrine sans l'entamer. Le courage est une
cuirasse sans défaut. Le comte Labinski possédait cette valeur folle des races slaves, qui
aiment le péril pour le péril, et auxquelles
peut s'appliquer encore ce refrain d'un vieux
chant scandinave : « Ils tuent, meurent et
rient ! »

Avec quelle ivresse s'étaient retrouvés ces
deux époux, pour qui le mariage n'était que
la passion permise par Dieu et par les
hommes, Thomas Moore pourrait seul le dire
en style d'*Amour des anges !* Il faudrait que
chaque goutte d'encre se transformât dans
notre plume en goutte de lumière, et que
chaque mot s'évaporât sur le papier en jetant
une flamme et un parfum comme un grain
d'encens. Comment peindre ces deux âmes
fondues en une seule et pareilles à deux larmes de rosée qui, glissant sur un pétale de
lis, se rencontrent, se mêlent, s'absorbent

l'une l'autre et ne font plus qu'une perle unique? Le bonheur est une chose si rare en ce monde, que l'homme n'a pas songé à inventer des paroles pour le rendre, tandis que le vocabulaire des souffrances morales et physiques remplit d'innombrables colonnes dans le dictionnaire de toutes les langues.

Olaf et Prascovie s'étaient aimés tout enfants; jamais leurs cœurs n'avaient battu qu'à un seul nom ; ils savaient presque dès le berceau qu'ils s'appartiendraient, et le reste du monde n'existait pas pour eux ; on eût dit que les morceaux de l'androgyne de Platon, qui se cherchent en vain depuis le divorce primitif, s'étaient retrouvés et réunis en eux ; ils formaient cette dualité dans l'unité, qui est l'harmonie complète, et, côte à côte, ils marchaient, ou plutôt ils volaient à travers la vie d'un essor égal, soutenu, planant comme deux colombes que le même désir appelle, pour nous servir de la belle expression de Dante.

Afin que rien ne troublât cette félicité, une fortune immense l'entourait comme d'une atmosphère d'or. Dès que ce couple radieux pa-

raissait, la misère consolée quittait ses hail-
lons, les larmes se séchaient; car Olaf et
Prascovie avaient le noble égoïsme du bonheur, et ils ne pouvaient souffrir une douleur
dans leur rayonnement.

Depuis que le polythéisme a emporté avec
lui ces jeunes dieux, ces génies souriants,
ces éphèbes célestes aux formes d'une perfection si absolue, d'un rhythme si harmo-
nieux, d'un idéal si pur, et que la Grèce antique ne chante plus l'hymne de la beauté en
strophes de Paros, l'homme a cruellement
abusé de la permission qu'on lui a donnée
d'être laid, et, quoique fait à l'image de
Dieu, le représente assez mal. Mais le comte
Labinski n'avait pas profité de cette licence;
l'ovale un peu allongé de sa figure, son nez
mince, d'une coupe hardie et fine, sa lèvre
fermement dessinée, qu'accentuait une moús-
tache blonde aiguisée à ses pointes, son menton relevé et frappé d'une fossette, ses yeux
noirs, singularité piquante, étrangeté gracieuse, lui donnaient l'air d'un de ces anges
guerriers, saint Michel ou Raphaël, qui com-
battent le démon, revêtus d'armures d'or. Il

eût été trop beau sans l'éclair mâle de ses sombres prunelles et la couche hâlée que le soleil d'Asie avait déposée sur ses traits.

Le comte était de taille moyenne, mince, svelte, nerveux, cachant des muscles d'acier sous une apparente délicatesse; et lorsque, dans quelque bal d'ambassade, il revêtait son costume de magnat, tout chamarré d'or, tout étoilé de diamants, tout brodé de perles, il passait parmi les groupes comme une apparition étincelante, excitant la jalousie des hommes et l'amour des femmes, que Prascovie lui rendait indifférentes. — Nous n'ajoutons pas que le comte possédait les dons de l'esprit comme ceux du corps; les fées bienveillantes l'avaient doué à son berceau, et la méchante sorcière qui gâte tout s'était montrée de bonne humeur ce jour-là.

Vous comprenez qu'avec un tel rival, Octave de Saville avait peu de chances, et qu'il faisait bien de se laisser tranquillement mourir sur les coussins de son divan, malgré l'espoir qu'essayait de lui remettre au cœur le fantastique docteur Balthazar Cherbonneau.

—Oublier Prascovie eût été le seul moyen,

mais c'était la chose impossible ; la revoir, à quoi bon? Octave sentait que la résolution de la jeune femme ne faiblirait jamais dans son implacabilité douce, dans sa froideur compatissante. Il avait peur que ses blessures non cicatrisées se rouvrissent et saignassent devant celle qui l'avait tué innocemment, et il ne voulait pas l'accuser, la douce meurtrière aimée !

IV

Deux ans s'étaient écoulés depuis le jour où la comtesse Labinska avait arrêté sur les lèvres d'Octave la déclaration d'amour qu'elle ne devait pas entendre ; Octave, tombé du haut de son rêve, s'était éloigné, ayant au foie le bec d'un chagrin noir, et n'avait pas donné de ses nouvelles à Prascovie. L'unique mot qu'il eût pu lui écrire était le seul défendu. Mais plus d'une fois la pensée de la comtesse effrayée de ce silence s'était reportée avec mélancolie sur son pauvre adorateur : — l'avait-il oubliée ? Dans sa divine absence de coquetterie, elle le souhaitait sans le croire, car l'inextinguible flamme de la passion illuminait les yeux d'Octave, et la comtesse n'avait pu s'y méprendre. L'amour et les dieux se reconnaissent au regard : cette idée traversait comme un petit nuage le limpide azur de son bonheur, et lui inspirait la légère tristesse des anges qui, dans le ciel,

se souviennent de la terre ; son âme charmante souffrait de savoir là-bas quelqu'un
malheureux à cause d'elle ; mais que peut
l'étoile d'or scintillante au haut du firmament
pour le pâtre obscur qui lève vers elle des
bras éperdus? Aux temps mythologiques,
Phœbé descendit bien des cieux en rayons
d'argent sur le sommeil d'Endymion ; mais
elle n'était pas mariée à un comte polonais.

Dès son arrivée à Paris, la comtesse Labinska avait envoyé à Octave cette invitation
banale que le docteur Balthazar Cherbonneau
tournait distraitement entre ses doigts, et en
ne le voyant pas venir, quoiqu'elle l'eût voulu,
elle s'était dit avec un mouvement de joie
involontaire : « Il m'aime toujours ! » C'était
cependant une femme d'une angélique pureté
et chaste comme la neige du dernier sommet
de l'Himalaya.

Mais Dieu lui-même, au fond de son infini,
n'a pour se distraire de l'ennui des éternités
que le plaisir d'entendre battre pour lui le
cœur d'une pauvre petite créature péris-
sable sur un chétif globe, perdu dans l'immensité. Prascovie n'était pas plus sévère que

Dieu, et le comte Olaf n'eût pu blâmer cette délicate volupté d'âme.

« Votre récit, que j'ai écouté attentivement, dit le docteur à Octave, me prouve que tout espoir de votre part serait chimérique. Jamais la comtesse ne partagera votre amour.

— Vous voyez bien, monsieur Cherbonneau, que j'avais raison de ne pas chercher à retenir ma vie qui s'en va.

— J'ai dit qu'il n'y avait pas d'espoir avec les moyens ordinaires, continua le docteur; mais il existe des puissances occultes que méconnaît la science moderne, et dont la tradition s'est conservée dans ces pays étranges nommés barbares par une civilisation ignorante. Là, aux premiers jours du monde, le genre humain, en contact immédiat avec les forces vives de la nature, savait des secrets qu'on croit perdus, et que n'ont point emportés dans leurs migrations les tribus qui, plus tard, ont formé les peuples. Ces secrets furent transmis d'abord d'initié à initié, dans les profondeurs mystérieuses des temples, écrits ensuite en idiomes sacrés incompréhensibles au vulgaire, sculptés en panneaux

d'hiéroglyphes le long des parois cryptiques
d'Ellora; vous trouverez encore sur les crou-
pes du mont Mérou, d'où s'échappe le Gange,
au bas de l'escalier de marbre blanc de Be-
narès la ville sainte, au fond des pagodes en
ruines de Ceylan, quelques brahmes centenaires épelant des manuscrits inconnus, quelques yoghis occupés à redire l'ineffable monosyllabe *om* sans s'apercevoir que les oiseaux
du ciel nichent dans leur chevelure; quelques
fakirs dont les épaules portent les cicatrices
des crochets de fer de Jaggernat, qui les pos-
sèdent ces arcanes perdus et en obtiennent des
résultats merveilleux lorsqu'ils daignent s'en
servir.—Notre Europe, tout absorbée par les
intérêts matériels, ne se doute pas du degré
de spiritualisme où sont arrivés les pénitents
de l'Inde : des jeûnes absolus, des contempla-
tions effrayantes de fixité, des postures impossibles gardées pendant des années entiè-
res, atténuent si bien leurs corps, que vous
diriez, à les voir accroupis sous un soleil de
plomb, entre des brasiers ardents, laissant
leurs ongles grandis leur percer la paume des
mains, des momies égyptiennes retirées de

leur caisse et ployées en des attitudes de
singes; leur enveloppe humaine n'est plus
qu'une chrysalide, que l'âme, papillon im-
mortel, peut quitter ou reprendre à volonté.
Tandis que leur maigre dépouille reste là,
inerte, horrible à voir, comme une larve
nocturne surprise par le jour, leur esprit,
libre de tous liens, s'élance, sur les ailes de
l'hallucination, à des hauteurs incalculables,
dans les mondes surnaturels. Ils ont des
visions et des rêves étranges; ils suivent
d'extase en extase les ondulations que font
les âges disparus sur l'océan de l'éternité; ils
parcourent l'infini en tous sens, assistent à la
création des univers, à la genèse des dieux et
à leurs métamorphoses : la mémoire leur re-
vient des sciences englouties par les cata-
clysmes plutoniens et diluviens, des rapports
oubliés de l'homme et des éléments. Dans cet
état bizarre, ils marmottent des mots appartenant à des langues qu'aucun peuple ne parle
plus depuis des milliers d'années sur la sur-
face du globe; ils retrouvent le verbe pri-
mordial, le verbe qui a fait jaillir la lumière
des antiques ténèbres : on les prend pour

des fous ; ce sont presque des dieux ! »

Ce préambule singulier surexcitait au dernier point l'attention d'Octave, qui, ne sachant où M. Balthazar Cherbonneau voulait en venir, fixait sur lui des yeux étonnés et pétillants d'interrogations : il ne devinait pas quel rapport pouvaient offrir les pénitents de l'Inde avec son amour pour la comtesse Prascovie Labinska.

Le docteur, devinant la pensée d'Octave, lui fit un signe de main comme pour prévenir ses questions, et lui dit : « Patience, mon cher malade ; vous allez comprendre tout à l'heure que je ne me livre pas à une digression inutile. — Las d'avoir interrogé avec le scalpel, sur le marbre des amphithéâtres, des cadavres qui ne me répondaient pas et ne me laissaient voir que la mort quand je cherchais la vie, je formai le projet — un projet aussi hardi que celui de Prométhée escaladant le ciel pour y ravir le feu — d'atteindre et de surprendre l'âme, de l'analyser et de la disséquer pour ainsi dire ; j'abandonnai l'effet pour la cause, et pris en dédain profond la science matérialiste dont le néant m'était prouvé. Agir sur ces formes vagues, sur ces assemblages fortuits de molécules aussitôt dissous, me semblait la fonction d'un empirisme grossier. J'essayai par le magnétisme de relâcher les liens qui enchaînent l'esprit à son enveloppe; j'eus bientôt dépassé Mesmer, Deslon, Maxwel, Puységur, Deleuze et les plus habiles, dans des expériences vraiment prodigieuses, mais qui ne me contentaient pas encore : catalepsie, somnambulisme, vue à distance, lucidité extatique, je produisis à volonté tous ces effets inexplicables pour la foule, simples et compréhensibles pour moi. — Je remontai plus haut : des ravissements de Cardan et de saint Thomas d'Aquin, je passai aux crises nerveuses des Pythies ; je découvris les arcanes des Époptes grecs et des Nebiim hébreux ; je m'initiai rétrospectivement aux mystères de Trophonius et d'Esculape, reconnaissant toujours dans les merveilles qu'on en raconte une concentration ou une expansion de l'âme provoquée soit par le geste, soit par le regard, soit par la parole, soit par la volonté ou tout autre agent inconnu. — Je refis un à un tous les miracles d'Apollonius de Thyane.

— Pourtant mon rêve scientifique n'était pas accompli; l'âme m'échappait toujours; je la pressentais, je l'entendais, j'avais de l'action sur elle; j'engourdissais ou j'excitais ses facultés; mais entre elle et moi il y avait un voile de chair que je ne pouvais écarter sans qu'elle s'envolât; j'étais comme l'oiseleur qui tient un oiseau sous un filet qu'il n'ose relever, de peur de voir sa proie ailée se perdre dans le ciel.

« Je partis pour l'Inde, espérant trouver le mot de l'énigme dans ce pays de l'antique sagesse. J'appris le sanscrit et le pacrit, les idiomes savants et vulgaires : je pus converser avec les pandits et les brahmes. Je traversai les jungles où rauque le tigre aplati sur ses pattes; je longeai les étangs sacrés qu'écaille le dos des crocodiles; je franchis des forêts impénétrables barricadées de lianes, faisant envoler des nuées de chauves-souris et de singes, me trouvant face à face avec l'éléphant au détour du sentier frayé par les bêtes fauves pour arriver à la cabane de quelque yoghi célèbre en communication

avec les Mounis, et je m'assis des jours en-
tiers près de lui, partageant sa peau de gazelle, pour noter les vagues incantations que
murmurait l'extase sur ses lèvres noires et
fendillées. Je saisis de la sorte des mots tout-
puissants, des formules évocatrices, des syllabes du Verbe créateur.

« J'étudiai les sculptures symboliques dans
les chambres intérieures des pagodes que n'a
vues nul œil profane et où une robe de
brahme me permettait de pénétrer; je lus
bien des mystères cosmogoniques, bien des
légendes de civilisations disparues; je découvris le sens des emblèmes que tiennent dans
leurs mains multiples ces dieux hybrides et
touffus comme la nature de l'Inde; je médi-
tai sur le cercle de Brahma, le lotus de Wishnou, le cobra capello de Shiva, le dieu bleu.
Ganésa, déroulant sa trompe de pachyderme
et clignant ses petits yeux frangés de longs cils,
semblait sourire à mes efforts et encourager
mes recherches. Toutes ces figures mons-
trueuses me disaient dans leur langue de
pierre : « Nous ne sommes que des formes,
c'est l'esprit qui agite la masse. »

« Un prêtre du temple de Tirounamalay, à qui je fis part de l'idée qui me préoccupait, m'indiqua, comme parvenu au plus haut degré de sublimité, un pénitent qui habitait une des grottes de l'île d'Elephanta. Je le trouvai, adossé au mur de la caverne, enveloppé d'un bout de sparterie, les genoux au menton, les doigts croisés sur les jambes, dans un état d'immobilité absolue ; ses prunelles retournées ne laissaient voir que le blanc, ses lèvres bridaient sur ses dents déchaussées ; sa peau, tannée par une incroyable maigreur, adhérait aux pommettes ; ses cheveux, rejetés en arrière, pendaient par mèches roides comme des filaments de plantes du sourcil d'une roche ; sa barbe s'était divisée en deux flots qui touchaient presque terre, et ses ongles se recourbaient en serres d'aigle.

« Le soleil l'avait desséché et noirci de façon à donner à sa peau d'Indien, naturellement brune, l'apparence du basalte ; ainsi posé, il ressemblait de forme et de couleur à un vase canopique. Au premier aspect, je le crus mort. Je secouai ses bras comme ankylosés par une roideur cataleptique, je lui criai à l'oreille de ma voix la plus forte les paroles sacramentelles qui devaient me révéler à lui comme initié; il ne tressaillit pas, ses paupières restèrent immobiles. — J'allais m'éloigner, désespérant d'en tirer quelque chose, lorsque j'entendis un pétillement singulier; une étincelle bleuâtre passa devant mes yeux avec la fulgurante rapidité d'une lueur électrique, voltigea une seconde sur les lèvres entr'ouvertes du pénitent, et disparut.

« Brahma-Logum (c'était le nom du saint personnage) sembla se réveiller d'une léthargie : ses prunelles reprirent leur place; il me regarda avec un regard humain et répondit à mes questions. « Eh bien, tes désirs sont satisfaits : tu as vu une âme. Je suis parvenu à détacher la mienne de mon corps quand il me plaît; — elle en sort, elle y rentre comme une abeille lumineuse, perceptible aux yeux seuls des adeptes. J'ai tant jeûné, tant prié, tant médité, je me suis macéré si rigoureusement que j'ai pu dénouer les liens terrestres qui l'enchaînent, et que Wishnou, le dieu aux dix incarnations, m'a révélé le mot mystérieux qui la guide dans ses Avatars à travers les formes différentes. — Si après avoir fait les gestes consacrés je prononçais ce mot, ton âme s'envolerait pour animer l'homme ou la bête que je lui désignerais. Je te lègue ce secret, que je possède seul maintenant au monde. Je suis bien aise que tu sois venu, car il me tarde de me fondre dans le sein de l'incréé, comme une goutte d'eau dans la mer. — Et le pénitent me chuchota d'une voix faible comme le dernier râle d'un mourant, et pourtant distincte, quelques syllabes qui me firent passer sur le dos ce petit frisson dont parle Job.

— Que voulez-vous dire, docteur? s'écria Octave; je n'ose sonder l'effrayante profondeur de votre pensée.

— Je veux dire, répondit tranquillement M. Balthazar Cherbonneau, que je n'ai pas oublié la formule magique de mon ami Brahma-Logum, et que la comtesse Prascovie serait bien fine si elle reconnaissait l'âme d'Octave de Saville dans le corps d'Olaf Labinski. »

V

La réputation du docteur Balthazar Cherbonneau comme médecin et comme thaumaturge commençait à se répandre dans Paris;
ses bizarreries, affectées ou vraies, l'avaient
mis à la mode. Mais, loin de chercher à se
faire, comme on dit, une clientèle, il s'efforçait de rebuter les malades en leur fermant sa
porte ou en leur ordonnant des prescriptions
étranges, des régimes impossibles. Il n'accep-
tait que des cas désespérés, renvoyant à ses
confrères avec un dédain superbe les vulgaires fluxions de poitrine, les banales entérites,
les bourgeoises fièvres typhoïdes, et dans ces
occasions suprêmes il obtenait des guérisons
vraiment inconcevables. Debout à côté du lit,
il faisait des gestes magiques sur une tasse
d'eau, et des corps déjà roides et froids, tout
prêts pour le cercueil, après avoir avalé quelques gouttes de ce breuvage en desserrant
des mâchoires crispées par l'agonie, repre-

naient la souplesse de la vie, les couleurs de
la santé, et se redressaient sur leur séant,
promenant autour d'eux des regards accoutu-
més déjà aux ombres du tombeau. Aussi l'ap-
pelait-on le médecin des morts ou le résurrec-
tioniste. Encore ne consentait-il pas toujours
à opérer ces cures, et souvent refusait-il des
sommes énormes de la part de riches mori-
bonds. Pour qu'il se décidât à entrer en lutte
avec la destruction, il fallait qu'il fût touché
de la douleur d'une mère implorant le salut
d'un enfant unique, du désespoir d'un amant
demandant la grâce d'une maîtresse adorée,
ou qu'il jugeât la vie menacée utile à la poésie, à la science et au progrès du genre humain. Il sauva de la sorte un charmant baby
dont le croup serrait la gorge avec ses doigts
de fer, une délicieuse jeune fille phthisique au
dernier degré, un poëte en proie au *delirium
tremens*, un inventeur attaqué d'une conges-
tion cérébrale et qui allait enfouir le secret de
sa découverte sous quelques pelletées de terre.
Autrement il disait qu'on ne devait pas con-
trarier la nature, que certaines morts avaient
leur raison d'être, et qu'on risquait, en les

empêchant, de déranger quelque chose dans l'ordre universel. Vous voyez bien que M. Balthazar Cherbonneau était le docteur le plus paradoxal du monde et qu'il avait rapporté de l'Inde une excentricité complète ; mais sa renommée de magnétiseur l'emportait encore sur sa gloire de médecin ; il avait donné devant un petit nombre d'élus quelques séances dont on racontait des merveilles à troubler toutes les notions du possible ou de l'impossible, et qui dépassaient les prodiges de Cagliostro.

Le docteur habitait le rez-de-chaussée d'un vieil hôtel de la rue du Regard, un appartement en enfilade comme on les faisait jadis, et dont les hautes fenêtres ouvraient sur un jardin planté de grands arbres au tronc noir, au grêle feuillage vert. Quoiqu'on fût en été, de puissants calorifères soufflaient par leurs bouches grillées de laiton des trombes d'air brûlant dans les vastes salles, et en maintenaient la température à trente-cinq ou quarante degrés de chaleur, car M. Balthazar Cherbonneau, habitué au climat incendiaire de l'Inde, grelottait à nos pâles soleils, comme

ce voyageur qui, revenu des sources du Nil
Bleu, dans l'Afrique centrale, tremblait de
froid au Caire, et il ne sortait jamais qu'en
voiture fermée, frileusement emmaillotté d'une
pelisse de renard bleu de Sibérie, et les pieds
posés sur un manchon de fer-blanc rempli
d'eau bouillante.

Il n'y avait d'autres meubles dans ces salles
que des divans bas en étoffes malabares his-
toriées d'éléphants chimériques et d'oiseaux
fabuleux, des étagères découpées, coloriées et
dorées avec une naïveté barbare par les naturels de Ceylan, des vases du Japon pleins
de fleurs exotiques; et sur le plancher s'étalait, d'un bout à l'autre de l'appartement, un
de ces tapis funèbres à ramages noirs et
blancs que tissent pour pénitence les Thuggs
en prison, et dont la trame semble faite avec
le chanvre de leurs cordes d'étrangleurs ;
quelques idoles indoues, de marbre ou de
bronze, aux longs yeux en amande, au nez
cerclé d'anneaux, aux lèvres épaisses et sou-
riantes, aux colliers de perles descendant jusqu'au nombril, aux attributs singuliers et
mystérieux, croisaient leurs jambes sur des

piédouches dans les encoignures ; — le long des murailles étaient appendues des miniatures gouachées, œuvre de quelque peintre de Calcutta ou de Lucknow, qui représentaient les neuf *Avatars* déjà accomplis de Wishnou, en poisson, en tortue, en cochon, en lion à tête humaine, en nain brahmine, en Rama, en héros combattant le géant aux mille bras Cartasuciriargunen, en Kitsna, l'enfant miraculeux dans lequel des rêveurs voient un Christ indien ; en Bouddha, adorateur du grand dieu Mahadevi ; et, enfin, le montraient endormi, au milieu de la mer lactée, sur la couleuvre aux cinq têtes recourbées en dais, attendant l'heure de prendre, pour dernière incarnation, la forme de ce cheval blanc ailé qui, en laissant retomber son sabot sur l'univers, doit amener la fin du monde.

Dans la salle du fond, chauffée plus fortement encore que les autres, se tenait M. Balthazar Cherbonneau, entouré de livres sanscrits tracés au poinçon sur de minces lames de bois percées d'un trou et réunies par un cordon, de manière à ressembler plus à des persiennes qu'à des volumes, comme les entend la librai-

rie européenne. Une machine électrique, avec
ses bouteilles remplies de feuilles d'or et ses
disques de verre tournés par des manivelles,
élevait sa silhouette inquiétante et compliquée
au milieu de la chambre, à côté d'un baquet
mesmérique où plongeait une lance de métal
et d'où rayonnaient de nombreuses tiges de
fer. M. Cherbonneau n'était rien moins que
charlatan et ne cherchait pas la mise en scène,
mais cependant il était difficile de pénétrer
dans cette retraite bizarre sans éprouver un
peu de l'impression que devaient causer autrefois les laboratoires d'alchimie.

Le comte Olaf Labinski avait entendu parler des miracles réalisés par le docteur, et sa
curiosité demi-crédule s'était allumée. Les
races slaves ont un penchant naturel au merveilleux, que ne corrige pas toujours l'éducation la plus soignée, et d'ailleurs des témoins
dignes de foi qui avaient assisté à ces séances
en disaient de ces choses qu'on ne peut croire
sans les avoir vues, quelque confiance qu'on
ait dans le narrateur. Il alla donc visiter le
thaumaturge.

Lorsque le comte Labinski entra chez le

docteur Balthazar Cherbonneau, il se sentit comme entouré d'une vague flamme ; tout son sang afflua vers sa tête, les veines des tempes lui sifflèrent ; l'extrême chaleur qui régnait dans l'appartement le suffoquait ; les lampes où brûlaient des huiles aromatiques, les larges fleurs de Java balançant leurs énormes calices comme des encensoirs l'enivraient de leurs émanations vertigineuses et de leurs parfums asphyxiants. Il fit quelques pas en chancelant vers M. Cherbonneau, qui se tenait accroupi sur son divan, dans une de ces étranges poses de fakir ou de sannyâsi, dont le prince Solty-koff a si pittoresquement illustré son voyage de l'Inde. On eût dit, à le voir dessinant les angles de ses articulations sous les plis de ses vêtements, une araignée humaine pelotonnée au milieu de sa toile et se tenant immobile devant sa proie. A l'apparition du comte, ses prunelles de turquoise s'illuminèrent de lueurs phosphorescentes au centre de leur orbite do-rée du bistre de l'hépatite, et s'éteignirent aussitôt comme recouvertes par une taie vo-lontaire. Le docteur étendit la main vers Olaf, dont il comprit le malaise, et en deux ou trois passes l'entoura d'une atmosphère de printemps, lui créant un frais paradis dans cet enfer de chaleur.

« Vous trouvez-vous mieux à présent? Vos poumons, habitués aux brises de la Baltique qui arrivent toutes froides encore de s'être roulées sur les neiges centenaires du pôle, devaient haleter comme des soufflets de forge à cet air brûlant, où cependant je grelotte, moi, cuit, recuit et comme calciné aux fournaises du soleil. »

Le comte Olaf Labinski fit un signe pour témoigner qu'il ne souffrait plus de la haute température de l'appartement.

« Eh bien, dit le docteur avec un accent de bonhomie, vous avez entendu parler sans doute de mes tours de passe-passe, et vous voulez avoir un échantillon de mon savoir-faire; oh! je suis plus fort que Comus, Comte ou Bosco.

— Ma curiosité n'est pas si frivole, répondit le comte, et j'ai plus de respect pour un des princes de la science.

— Je ne suis pas un savant dans l'acception qu'on donne à ce mot; mais au contraire,

en étudiant certaines choses que la science
dédaigne, je me suis rendu maître de forces
occultes inemployées, et je produis des effets
qui semblent merveilleux, quoique naturels.
A force de la guetter, j'ai quelquefois surpris
l'âme, — elle m'a fait des confidences dont
j'ai profité, et dit des mots que j'ai retenus.
L'esprit est tout, la matière n'existe qu'en
apparence ; l'univers n'est peut-être qu'un
rêve de Dieu ou qu'une irradiation du verbe
dans l'immensité. Je chiffonne à mon gré la
guenille du corps, j'arrête ou je précipite la
vie, je déplace les sens, je supprime l'espace,
j'anéantis la douleur sans avoir besoin de
chloroforme, d'éther ou de toute autre drogue
anesthésique. Armé de la volonté, cette électricité intellectuelle, je vivifie ou je foudroie.
Rien n'est plus opaque pour mes yeux; mon
regard traverse tout; je vois distinctement les
rayons de la pensée, et comme on projette
les spectres solaires sur un écran, je peux les
faire passer par mon prisme invisible et les
forcer à se réfléchir sur la toile blanche de
mon cerveau. Mais tout cela est peu de chose
à côté des prodiges qu'accomplissent certains

Yoghis de l'Inde, arrivés au plus sublime degré d'ascétisme. Nous autres Européens, nous sommes trop légers, trop distraits, trop futiles, trop amoureux de notre prison d'argile pour y ouvrir de bien larges fenêtres sur l'éternité et sur l'infini. Cependant j'ai obtenu quelques résultats assez étranges, et vous allez en juger, dit le docteur Balthazar Cherbonneau en faisant glisser sur leur tringle les anneaux d'une lourde portière qui masquait une sorte d'alcôve pratiquée dans le fond de la salle.

A la clarté d'une flamme d'esprit-de-vin qui oscillait sur un trépied de bronze, le comte Olaf Labinski aperçut un spectacle effrayant qui le fit frissonner malgré sa bravoure. Une table de marbre noir supportait le corps d'un jeune homme nu jusqu'à la ceinture et gardant une immobilité cadavérique ; de son torse hérissé de flèches comme celui de saint Sébastien, il ne coulait pas une goutte de sang ; on l'eût pris pour une image de martyr colorié, où l'on aurait oublié de teindre de cinabre les lèvres des blessures.

« Cet étrange médecin, dit en lui-même

Olaf, est peut-être un adorateur de Shiva, et il aura sacrifié cette victime à son idole. »

« Oh! il ne souffre pas du tout ; piquez-le sans crainte, pas un muscle de sa face ne bougera ; » et le docteur lui enlevait les flèches du corps, comme l'on retire les épingles d'une pelote.

Quelques mouvements rapides de mains dégagèrent le patient du réseau d'effluves qui l'emprisonnait, et il s'éveilla le sourire de l'extase sur les lèvres, comme sortant d'un rêve bienheureux. M. Balthazar Cherbonneau le congédia du geste, et il se retira par une petite porte coupée dans la boiserie dont l'alcôve était revêtue.

« J'aurais pu lui couper une jambe ou un bras sans qu'il s'en aperçût, dit le docteur en plissant ses rides en façon de sourire ; je ne l'ai pas fait parce que je ne crée pas encore, et que l'homme, inférieur au lézard en cela, n'a pas une séve assez puissante pour reformer les membres qu'on lui retranche. Mais si je ne crée pas, en revanche je rajeunis. Et il enleva le voile qui recouvrait une femme âgée magnétiquement endormie sur un fauteuil,

non loin de la table de marbre noir ; ses
traits, qui avaient pu être beaux, étaient flé-
tris, et les ravages du temps se lisaient sur
les contours amaigris de ses bras, de ses épaules et de sa poitrine. Le docteur fixa sur elle
pendant quelques minutes, avec une intensité
opiniâtre, les regards de ses prunelles bleues ;
les lignes altérées se raffermirent, le galbe du
sein reprit sa pureté virginale, une chair
blanche et satinée remplit les maigreurs du
col ; les joues s'arrondirent et se veloutèrent,
comme des pêches de toute la fraîcheur de la
jeunesse ; les yeux s'ouvrirent scintillants dans
un fluide vivace ; le masque de vieillesse, enlevé comme par magie, laissait voir la belle
jeune femme disparue depuis longtemps.

« Croyez-vous que la fontaine de Jouvence
ait versé quelque part ses eaux miraculeuses?
dit le docteur au comte stupéfait de cette
transformation. Je le crois, moi, car l'homme
n'invente rien, et chacun de ses rêves est une
divination ou un souvenir. — Mais abandon-
nons cette forme un instant repétrie par ma
volonté, et consultons cette jeune fille qui dort
tranquillement dans ce coin. Interrogez-la,

elle en sait plus long que les pythies et les sibylles. Vous pouvez l'envoyer dans un de vos sept châteaux de Bohème, lui demander ce que renferme le plus secret de vos tiroirs, elle vous le dira, car il ne faudra pas à son âme plus d'une seconde pour faire le voyage ; chose, après tout, peu surprenante, puisque l'électricité parcourt soixante-dix mille lieues dans le même espace de temps, et l'électricité est à la pensée ce qu'est le fiacre au wagon. Donnez-lui la main pour vous mettre en rapport avec elle ; vous n'aurez pas besoin de formuler votre question, elle la lira dans votre esprit.

La jeune fille, d'une voix atone comme celle d'une ombre, répondit à l'interrogation mentale du comte :

« Dans le coffret de cèdre il y a un morceau de terre saupoudré de sable fin sur lequel se voit l'empreinte d'un petit pied. »

— A-t-elle deviné juste? » dit le docteur négligemment et comme sûr de l'infaillibilité de sa somnambule.

Une éclatante rougeur couvrit les joues du comte. Il avait en effet, au premier temps de leurs amours, enlevé dans une allée d'un parc l'empreinte d'un pas de Prascovie, et il la gardait comme une relique au fond d'une boîte incrustée de nacre et d'argent, du plus précieux travail, dont il portait la clef microscopique suspendue à son cou par un jaseron de Venise.

M. Balthazar Cherbonneau, qui était un homme de bonne compagnie, voyant l'embarras du comte, n'insista pas et le conduisit à une table sur laquelle était posée une eau aussi claire que le diamant.

« Vous avez sans doute entendu parler du miroir magique où Méphistophélès fait voir à Faust l'image d'Hélène; sans avoir un pied de cheval dans mon bas de soie et deux plumes de coq à mon chapeau, je puis vous régaler de cet innocent prodige. Penchez-vous sur cette coupe et pensez fixement à la personne que vous désirez faire apparaître; vivante ou morte, lointaine ou rapprochée, elle viendra à votre appel, du bout du monde ou des profondeurs de l'histoire. »

Le comte s'inclina sur la coupe, dont l'eau se troubla bientôt sous son regard et prit des teintes opalines, comme si l'on y eût versé une goutte d'essence; un cercle irisé des couleurs du prisme couronna les bords du vase, encadrant le tableau qui s'ébauchait déjà sous le nuage blanchâtre.

Le brouillard se dissipa. — Une jeune femme en peignoir de dentelles, aux yeux vert de mer, aux cheveux d'or crespelés, laissant errer comme des papillons blancs ses belles mains distraites sur l'ivoire du clavier, se dessina ainsi que sous une glace au fond de l'eau redevenue transparente, avec une perfection si merveilleuse qu'elle eût fait mourir tous les peintres de désespoir : — c'était Pracovie Labinska, qui, sans le savoir, obéissait à l'évocation passionnée du comte.

« Et maintenant passons à quelque chose de plus curieux, » dit le docteur en prenant la main du comte et en la posant sur une des tiges de fer du baquet mesmérique. Olaf n'eut pas plus tôt touché le métal chargé d'un magnétisme fulgurant, qu'il tomba comme foudroyé.

Le docteur le prit dans ses bras, l'enleva comme une plume, le posa sur un divan, sonna, et dit au domestique qui parut au seuil de la porte :

« Allez chercher M. Octave de Saville. »

VI

Le roulement d'un coupé se fit entendre
dans la cour silencieuse de l'hôtel, et presque aussitôt Octave se présenta devant le
docteur ; il resta stupéfait lorsque M. Cherbonneau lui montra le comte Olaf Labinski
étendu sur un divan avec les apparences de
la mort. Il crut d'abord à un assassinat et
resta quelques instants muet d'horreur ; mais,
après un examen plus attentif, il s'aperçut
qu'une respiration presque imperceptible
abaissait et soulevait la poitrine du jeune
dormeur.

« Voilà, dit le docteur, votre déguisement
tout préparé ; il est un peu plus difficile à
mettre qu'un domino loué chez Babin ; mais
Roméo, en montant au balcon de Vérone, ne
s'inquiète pas du danger qu'il y a de se casser le cou ; il sait que Juliette l'attend là-haut
dans la chambre sous ses voiles de nuit ; et

la comtesse Prascovie Labinska vaut bien la fille des Capulets. »

Octave, troublé par l'étrangeté de la situation, ne répondait rien ; il regardait toujours le comte, dont la tête légèrement rejetée en arrière posait sur un coussin, et qui ressemblait à ces effigies de chevaliers couchés au-dessus de leurs tombeaux dans les cloîtres gothiques, ayant sous leur nuque roidie un oreiller de marbre sculpté. Cette belle et noble figure qui allait déposséder son âme lui inspirait malgré lui quelques remords.

Le docteur prit la rêverie d'Octave pour de l'hésitation : un vague sourire de dédain erra sur le pli de ses lèvres, et il lui dit :

« Si vous n'êtes pas décidé, je puis réveiller le comte, qui s'en retournera comme il est venu, émerveillé de mon pouvoir magnétique ; mais, pensez-y bien, une telle occasion peut ne jamais se retrouver. Pourtant, quelque intérêt que je porte à votre amour, quelque désir que j'aie de faire une expérience qui n'a jamais été tentée en Europe, je ne dois pas vous cacher que cet échange d'âmes a ses périls Frappez votre poitrine,

interrogez votre cœur. Risquez-vous franche-
ment votre vie sur cette carte suprême? L'a-
mour est fort comme la mort, dit la Bible.

— Je suis prêt, répondit simplement Octave.

— Bien, jeune homme, s'écria le docteur
en frottant ses mains brunes et sèches avec
une rapidité extraordinaire, comme s'il eût
voulu allumer du feu à la manière des sauvages. — Cette passion qui ne recule devant
rien me plaît. Il n'y a que deux choses au
monde : la passion et la volonté. Si vous
n'êtes pas heureux, ce ne sera certes pas ma
faute. Ah! mon vieux Brahma-Logum, tu vas
voir du fond du ciel d'Indra où les apsaras
t'entourent de leurs chœurs voluptueux, si
j'ai oublié la formule irrésistible que tu m'as
râlée à l'oreille en abandonnant ta carcasse
momifiée. Les mots et les gestes, j'ai tout retenu. — A l'œuvre! à l'œuvre! Nous allons
faire dans notre chaudron une étrange cui-
sine, comme les sorcières de Macbeth, mais
sans l'ignoble sorcellerie du Nord. — Placez-
vous devant moi assis dans ce fauteuil; aban-
donnez-vous en toute confiance à mon pou-

voir. Bien! les yeux sur les yeux, les mains contre les mains. — Déjà le charme agit. Les notions de temps et d'espace se perdent, la conscience du moi s'efface, les paupières s'abaissent ; les muscles, ne recevant plus d'ordres du cerveau, se détendent ; la pensée s'assoupit, tous les fils délicats qui retiennent l'âme au corps sont dénoués. Brahma, dans l'œuf d'or où il rêva dix mille ans, n'était pas plus séparé des choses extérieures ; saturons-le d'effluves, baignons-le de rayons. »

Le docteur, tout en marmottant ces phrases entrecoupées, ne discontinuait pas un seul instant ses passes : de ses mains tendues jaillissaient des jets lumineux qui allaient frapper le front où le cœur du patient, autour duquel se formait peu à peu une sorte d'atmosphère visible, phosphorescente comme une auréole.

« Très-bien ! » fit M. Balthazar Cherbonneau, s'applaudissant lui-même de son ouvrage. « Le voilà comme je le veux. Voyons, voyons, qu'est-ce qui résiste encore par là ? s'écria-t-il après une pause, comme s'il lisait à travers le crâne d'Octave le dernier effort de la personnalité près de s'anéantir. Quelle est cette idée mutine qui, chassée des circonvolutions de la cervelle, tâche de se soustraire à mon influeuce en se pelotonnant sur la monade primitive, sur le point central de la vie? Je saurai bien la rattraper et la mater. »

Pour vaincre cette involontaire rébellion, le docteur rechargea plus puissamment encore la batterie magnétique de son regard, et atteignit la pensée en révolte entre la base du cervelet et l'insertion de la moelle épinière, le sanctuaire le plus caché, le tabernacle le plus mystérieux de l'âme. Son triomphe était complet.

Alors il se prépara avec une solennité majesteuse à l'expérience inouïe qu'il allait tenter ; il se revêtit comme un mage d'une robe de lin, il lava ses mains dans une eau parfumée, il tira de diverses boîtes des poudres dont il se fit aux joues et au front des tatouages hiératiques ; il ceignit son bras du cordon des brahmes, lut deux ou trois Slocas des poëmes sacrés, et n'omit aucun des rites minutieux recommandés par le sannyâsi des grottes d'Elephanta.

Ces cérémonies terminées, il ouvrit toutes grandes les bouches de chaleur, et bientôt la salle fut remplie d'une atmosphère embrasée qui eût fait se pâmer les tigres dans les jungles, se craqueler leur cuirasse de vase sur le cuir rugueux des buffles, et s'épanouir avec une détonation la large fleur de l'aloès.

« Il ne faut pas que ces deux étincelles du feu divin, qui vont se trouver nues tout à l'heure et dépouillées pendant quelques secondes de leur enveloppe mortelle, pâlissent ou s'éteignent dans notre air glacial, » dit le docteur en regardant le thermomètre, qui marquait alors 120 degrés Fahrenheit.

Le docteur Balthazar Cherbonneau, entre ces deux corps inertes, avait l'air, dans ses blancs vêtements, du sacrificateur d'une de ces religions sanguinaires qui jetaient des cadavres d'hommes sur l'autel de leurs dieux. Il rappelait ce prêtre de Vitziliputzili, la farouche idole mexicaine dont parle Henri Heine dans une de ses ballades, mais ses intentions étaient à coup sûr plus pacifiques.

Il s'approcha du comte Olaf Labinski toujours immobile, et prononça l'ineffable syllabe, qu'il alla rapidement répéter sur Octave profondément endormi. La figure ordinairement bizarre de M. Cherbonneau avait pris en ce moment une majesté singulière; la grandeur du pouvoir dont il disposait ennoblissait ses traits désordonnés, et si quelqu'un l'eût vu accomplissant ces rites mystérieux avec une gravité sacerdotale, il n'eût pas reconnu en lui le docteur hoffmanique qui appelait, en le défiant, le crayon de la caricature.

Il se passa alors des choses bien étranges : Octave de Saville et le comte Olaf Labinski parurent agités simultanément comme d'une convulsion d'agonie, leur visage se décomposa, une légère écume leur monta aux lèvres; la pâleur de la mort décolora leur peau; cependant deux petites lueurs bleuâtres et tremblotantes scintillaient incertaines au-dessus de leurs têtes.

A un geste fulgurant du docteur qui semblait leur tracer leur route dans l'air, les deux points phosphoriques se mirent en mouvement, et, laissant derrière eux un sillage de lumière, se rendirent à leur demeure nouvelle : l'âme d'Octave occupa le corps du comte Labinski, l'âme du comte celui d'Octave : l'avatar était accompli.

Une légère rougeur des pommettes indiquait que la vie venait de rentrer dans ces argiles humaines restées sans âme pendant quelques secondes, et dont l'Ange·noir eût fait sa proie sans la puissance du docteur.

La joie du triomphe faisait flamboyer les prunelles bleues de Cherbonneau, qui se disait en marchant à grands pas dans la chambre : « Que les médecins les plus vantés en fassent autant, eux si fiers de raccommoder tant bien que mal l'horloge humaine lorsqu'elle se détraque : Hippocrate, Galien, Paracelse, Van Helmont, Boerhaave, Tronchin, Hahnemann, Rasori, le moindre fakir indien, accroupi sur l'escalier d'une pagode, en sait mille fois plus long que vous ! Qu'importe le cadavre quand on commande à l'esprit ! »

En finissant sa période, le docteur Balthazar Cherbonneau fit plusieurs cabrioles d'exultation, et dansa comme les montagnes dans le Sir-Hasirim du roi Salomon; il faillit même

tomber sur le nez, s'étant pris le pied aux
plis de sa robe brahminique, petit accident
qui le rappela à lui-même et lui rendit tout
son sang-froid.

« Réveillons nos dormeurs, » dit M. Cherbonneau après avoir essuyé les raies de poudres colorées dont il s'était strié la figure et
dépouillé son costume de brahme, — et, se
plaçant devant le corps du comte Labinski
habité par l'âme d'Octave, il fit les passes
nécessaires pour le tirer de l'état somnam-
bulique, secouant à chaque geste ses doigts
chargés du fluide qu'il enlevait.

Au bout de quelques minutes, Octave-
Labinski (désormais nous le désignerons de
la sorte pour la clarté du récit) se redressa
sur son séant, passa ses mains sur ses
yeux et promena autour de lui un regard
étonné que la conscience du moi n'illuminait pas encore. Quand la perception
nette des objets lui fut revenue, la première chose qu'il aperçut, ce fut sa forme
placée en dehors de lui sur un divan.
Il se voyait! non pas réfléchi par un miroir, mais en réalité. Il poussa un cri, —

ce cri ne résonna pas avec le timbre de sa voix et lui causa une sorte d'épouvante ; — l'échange d'âmes ayant eu lieu pendant le sommeil magnétique, il n'en avait pas gardé mémoire et éprouvait un malaise singulier. Sa pensée, servie par de nouveaux organes, était comme un ouvrier à qui l'on a retiré ses outils habituels pour lui en donner d'autres. Psyché dépaysée battait de ses ailes inquiètes la voûte de ce crâne inconnu, et se perdait dans les méandres de cette cervelle où restaient encore quelques traces d'idées étrangères.

« Eh bien, dit le docteur lorsqu'il eut suffisamment joui de la surprise d'Octave-Labinski, que vous semble de votre nouvelle habitation? Votre âme se trouve-t-elle bien installée dans le corps de ce charmant cavalier, hetmann, hospodar ou magnat, mari de la plus belle femme du monde? Vous n'avez plus envie de vous laisser mourir comme c'était votre projet la première fois que je vous ai vu dans votre triste appartement de la rue Saint-Lazare, maintenant que les portes de l'hôtel Labinski vous sont toutes grandes

ouvertes et que vous n'avez plus peur que
Prascovie ne vous mette la main devant la
bouche, comme à la villa Salviati, lorsque
vous voudrez lui parler d'amour ! Vous voyez
bien que le vieux Balthazar Cherbonneau,
avec sa figure de macaque, qu'il ne tiendrait
qu'à lui de changer pour une autre, possède
encore dans son sac à malices d'assez bonnes
recettes.

— Docteur, répondit Octave - Labinski,
vous avez le pouvoir d'un Dieu, ou, tout au
moins, d'un démon.

— Oh ! oh ! n'ayez pas peur, il n'y a pas la
moindre diablerie là dedans. Votre salut ne
périclite pas : je ne vais pas vous faire signer
un pacte avec un parafe rouge. Rien n'est
plus simple que ce qui vient de se passer. Le
Verbe qui a créé la lumière peut bien dépla-
cer une âme. Si les hommes voulaient écouter
Dieu à travers le temps et l'infini, ils en feraient, ma foi, bien d'autres.

— Par quelle reconnaissance, par quel dé-
vouement reconnaître cet inestimable service ?

— Vous ne me devez rien ; vous m'intéressiez, et pour un vieux Lascar comme moi, tanné à tous les soleils, bronzé à tous les événements, une émotion est une chose rare. Vous m'avez révélé l'amour, et vous savez que nous autres rêveurs un peu alchimistes, un peu magiciens, un peu philosophes, nous cherchons tous plus ou moins l'absolu. Mais levez-vous donc, remuez-vous, marchez, et voyez si votre peau neuve ne vous gêne pas aux entournures. »

Octave-Labinski obéit au docteur et fit quelques tours par la chambre ; il était déjà moins embarrassé ; quoique habité par une autre âme, le corps du comte conservait l'impulsion de ses anciennes habitudes, et l'hôte récent se confia à ces souvenirs physiques, car il lui importait de prendre la démarche, l'allure, le geste du propriétaire expulsé.

« Si je n'avais opéré moi-même tout à l'heure le déménagement de vos âmes, je croirais, dit en riant le docteur Balthazar Cherbonneau, qu'il ne s'est rien passé que d'ordinaire pendant cette soirée, et je vous prendrais pour le véritable, légitime et authentique comte lithuanien Olaf de Labinski, dont le moi sommeille encore là-bas dans la chrysalide que vous avez dédaigneusement laissée. Mais minuit va sonner bientôt; partez pour que Prascovie ne vous gronde pas et ne vous accuse pas de lui préférer le lansquenet ou le baccarat. Il ne faut pas commencer votre vie d'époux par une querelle, ce serait de mauvais augure. Pendant ce temps, je m'occuperai de réveiller votre ancienne enveloppe avec toutes les précautions et les égards qu'elle mérite. »

Reconnaissant la justesse des observations du docteur, Octave-Labinski se hâta de sortir. Au bas du perron piaffaient d'impatience les magnifiques chevaux bais du comte, qui, en mâchant leurs mors, avaient devant eux couvert le pavé d'écume. — Au bruit des pas du jeune homme, un superbe chasseur vert, de la race perdue des Heyduques, se précipita vers le marchepied, qu'il abattit avec fracas. Octave, qui s'était d'abord dirigé machinalement vers son modeste brougham, s'installa dans le haut et splendide coupé, et dit au chasseur, qui jeta le mot au cocher : « A l'hôtel ! » La portière à peine fermée, les chevaux partirent en faisant des courbettes, et le digne successeur des Almanzor et des Azolan se suspendit aux larges cordons de passementerie avec une prestesse que n'aurait pas laissé supposer sa grande taille.

Pour des chevaux de cette allure la course n'est pas longue de la rue du Regard au faubourg Saint-Honoré ; l'espace fut dévoré en quelques minutes, et le cocher cria de sa voix de Stentor : La porte !

Les deux immenses battants, poussés par le suisse, livrèrent passage à la voiture, qui tourna dans une grande cour sablée et vint s'arrêter avec une précision admirable sous une marquise rayée de blanc et de rose.

La cour, qu'Octave-Labinski détailla avec cette rapidité de vision que l'âme acquiert en certaines occasions solennelles, était vaste, entourée de bâtiments symétriques, éclairée par des lampadaires de bronze dont le gaz dardait ses langues blanches dans des fanaux de cristal semblables à ceux qui ornaient autrefois le Bucentaure, et sentait le palais plus que l'hôtel ; des caisses d'orangers dignes de la terrasse de Versailles étaient posées de

distance en distance sur la marge d'asphalte
qui encadrait comme une bordure le tapis de
sablé formant le milieu.

Le pauvre amoureux transformé, en met-
tant le pied sur le seuil, fut obligé de s'arrêter quelques secondes et de poser sa main
sur son cœur pour en comprimer les batte-
ments. Il avait bien le corps du comte Olaf
Labinski, mais il n'en possédait que l'apparence physique ; toutes les notions que contenait cette cervelle s'étaient enfuies avec
l'âme du premier propriétaire, — la maison
qui désormais devait être la sienne lui était
inconnue, il en ignorait les dispositions intérieures ; — un escalier se présentait devant
lui, il le suivit à tout hasard, sauf à mettre
son erreur sur le compte d'une distraction.

Les marches de pierre poncée éclataient
de blancheur et faisaient ressortir le rouge
opulent de la large bande de moquette rete-
nue par des baguettes de cuivre doré qui
dessinait au pied son moelleux chemin ; des
jardinières remplies des plus belles fleurs
exotiques montaient chaque degré avec vous.

Une immense lanterne découpée et fenestrée, suspendue à un gros câble de soie pourpre orné de houppes et de nœuds, faisait courir des frissons d'or sur les murs revêtus d'un stuc blanc et poli comme le marbre, et projetait une masse de lumière sur une répétition de la main de l'auteur, d'un des plus célèbres groupes de Canova, *l'Amour embrassant Psyché*.

Le palier de l'étage unique était pavé de mosaïques d'un précieux travail, et aux parois, des cordes de soie suspendaient quatre tableaux de Paris Bordone, de Bonifazzio, de Palma le Vieux et de Paul Véronèse, dont le style architectural et pompeux s'harmonisait avec la magnificence de l'escalier.

Sur ce palier s'ouvrait une haute porte de serge relevée de clous dorés; Octave-Labinski la poussa et se trouva dans une vaste antichambre où sommeillaient quelques laquais en grande tenue, qui, à son approche, se levèrent comme poussés par des ressorts et se rangèrent le long des murs avec l'impassibilité d'esclaves orientaux.

Il continua sa route. Un salon blanc et or où il n'y avait personne suivait l'antichambre. Octave tira une sonnette. Une femme de chambre parut.

« Madame peut-elle me recevoir?

« Madame la comtesse est en train de se déshabiller , mais tout à l'heure elle sera visible. »

VII

Resté seul avec le corps d'Octave de Saville, habité par l'âme du comte Olaf Labinski, le docteur Balthazar Cherbonneau se mit en devoir de rendre cette forme inerte à la vie ordinaire. Au bout de quelques passes Olaf-de Saville (qu'on nous permette de réunir ces deux noms pour désigner un personnage double) sortit comme un fantôme des limbes du profond sommeil, ou plutôt de la catalepsie qui l'enchaînait, immobile et raide, sur l'angle du divan ; il se leva avec un mouvement automatique que la volonté ne dirigeait pas encore, et chancelant sous un vertige mal dissipé. Les objets vacillaient autour de lui, les incarnations de Wishnou dansaient la sarabande le long des murailles, le docteur Cherbonneau lui apparaissait sous la figure du sannyâsi d'Elephanta, agitant ses bras comme des ailerons d'oiseau et roulant ses prunelles bleues dans des orbes de rides

brunes, pareils à des cercles de besicles; —
les spectacles étranges auxquels il avait assisté avant de tomber dans l'anéantissement
magnétique réagissaient sur sa raison, et il
ne se reprenait que lentement à la réalité : il
était comme un dormeur réveillé brusquement d'un cauchemar, qui prend encore pour
des spectres ses vêtements épars sur les
meubles, avec de vagues formes humaines,
et pour des yeux flamboyants de cyclope les
patères de cuivre des rideaux, simplement
illuminées par le reflet de la veilleuse.

Peu à peu cette fantasmagorie s'évapora;
tout revint à son aspect naturel ; M. Balthazar
Cherbonneau ne fut plus un pénitent de
l'Inde, mais un simple docteur en médecine,
qui adressait à son client un sourire d'une
bonhomie banale.

« Monsieur le comte est-il satisfait des
quelques expériences que j'ai eu l'honneur de
faire devant lui? disait-il avec un ton d'ob-
séquieuse humilité où l'on aurait pu démêler
une légère nuance d'ironie; — j'ose espérer
qu'il ne regrettera pas trop sa soirée et qu'il
partira convaincu que tout ce qu'on raconte

sur le magnétisme n'est pas fable et jongle-
rie, comme le prétend la science officielle. »

Olaf-de Saville répondit par un signe de
tête en manière d'assentiment, et sortit de
l'appartement accompagné du docteur Cherbonneau, qui lui faisait de profonds saluts à
chaque porte.

Le brougham s'avança en rasant les marches,
et l'âme du mari de la comtesse Labinska y
monta avec le corps d'Octave de Saville sans
trop se rendre compte que ce n'était là ni sa
livrée ni sa voiture.

— Le cocher demanda où monsieur allait.

« Chez moi, » répondit Olaf-de Saville,
confusément surpris de ne pas reconnaître la
voix du chasseur vert qui, ordinairement, lui
adressait cette question avec un accent hongrois des plus prononcés. Le brougham où il
se trouvait était tapissé de damas bleu foncé;
un satin bouton d'or capitonnait son coupé,
et le comte s'étonnait de cette différence tout
en l'acceptant comme on fait dans le rêve où
les objets habituels se présentent sous des as-
pects tout autres sans pourtant cesser d'être
reconnaissables; il se sentait aussi plus petit

que de coutume; en outre, il lui semblait
être venu en habit chez le docteur, et, sans
se souvenir d'avoir changé de vêtement, il se
voyait habillé d'un paletot d'été en étoffe
légère qui n'avait jamais fait partie de sa
garde-robe; son esprit éprouvait une gêne
inconnue, et ses pensées, le matin si lucides,
se débrouillaient péniblement. Attribuant cet
état singulier aux scènes étranges de la soirée, il ne s'en occupa plus, il appuya sa tête
à l'angle de la voiture, et se laissa aller à une
rêverie flottante, à une vague somnolence qui
n'était ni la veille ni le sommeil.

Le brusque arrêt du cheval et la voix du
cocher criant « La porte » le rappelèrent à
lui; il baissa la glace, mit la tête dehors, et
vit à la clarté du réverbère une rue inconnue,
une maison qui n'était pas la sienne.

« Où diable me mènes-tu, animal? s'écria-
t-il; sommes-nous donc faubourg Saint-Honoré, hôtel Labinski?

— Pardon, monsieur, je n'avais pas com-
pris, » grommela le cocher en faisant prendre
à sa bête la direction indiquée.

Pendant le trajet, le comte transfiguré se

fit plusieurs questions auxquelles il ne pouvait répondre. Comment sa voiture était-elle partie sans lui, puisqu'il avait donné ordre qu'on l'attendît ? Comment se trouvait-il lui-même dans la voiture d'un autre ? Il supposa qu'un léger mouvement de fièvre troublait la netteté de ses perceptions, ou que peut-être le docteur thaumaturge, pour frapper plus vivement sa crédulité, lui avait fait respirer pendant son sommeil quelque flacon de haschich ou de toute autre drogue hallucinatrice dont une nuit de repos dissiperait les illusions

La voiture arriva à l'hôtel Labinski ; le suisse, interpellé, refusa d'ouvrir la porte, disant qu'il n'y avait pas de réception ce soir-là, que Monsieur était rentré depuis plus d'une heure et Madame retirée dans ses appartements.

« Drôle, es-tu ivre ou fou ? » dit Olaf-de Saville en repoussant le colosse qui se dressait gigantesquement sur le seuil de la porte entre-bâillée, comme une de ces statues de bronze qui, dans les contes arabes, défendent aux chevaliers errants l'accès des châteaux enchantés.

« Ivre ou fou vous-même, mon petit monsieur, » répliqua le suisse, qui, de cramoisi
qu'il était naturellement, devint bleu de
colère.

« Misérable ! rugit Olaf-de Saville, si je ne
me respectais...

— Taisez-vous, ou je vais vous casser sur
mon genou et jeter vos morceaux sur le trot-
toir, répliqua le géant en ouvrant une main
plus large et plus grande que la colossale
main de plâtre exposée chez le gantier de la
rue Richelieu ; il ne faut pas faire le méchant
avec moi, mon petit jeune homme, parce
qu'on a bu une ou deux bouteilles de vin de
Champagne de trop. »

Olaf-de Saville exaspéré, repoussa le suisse
si rudement, qu'il pénétra sous le porche.
Quelques valets qui n'étaient pas couchés encore accoururent au bruit de l'altercation.

« Je te chasse, bête brute, brigand, scélérat ! je ne veux pas même que tu passes la
nuit à l'hôtel ; sauve-toi, ou je te tue comme
un chien enragé. Ne me fais pas verser
l'ignoble sang d'un laquais. »

Et le comte, dépossédé de son corps, s'élançait les yeux injectés de rouge, l'écume aux lèvres, les poings crispés, vers l'énorme suisse qui, rassemblant les deux mains de son agresseur dans une des siennes, les y maintint presque écrasées par l'étau de ses gros doigts courts, charnus et noueux comme ceux d'un tortionnaire du moyen âge.

« Voyons, du calme, disait le géant, assez bonasse au fond, qui ne redoutait plus rien de son adversaire et lui imprimait quelques saccades pour le tenir en respect. — Y a-t-il du bon sens de se mettre dans des états pareils quand on est vêtu en homme du monde, et de venir ensuite comme un perturbateur faire des tapages nocturnes dans les maisons respectables? On doit des égards au vin, et il doit être fameux celui qui vous a si bien grisé! c'est pourquoi je ne vous assomme pas, et je me contenterai de vous poser délicatement dans la rue, où la patrouille vous ramassera si vous continuez vos esclandres; — un petit air de violon vous rafraîchira les idées.

— Infâmes, s'écria Olaf-de Saville en interpellant les laquais, vous laissez insulter par cette abjecte canaille votre maître, le noble comte Labinski ! »

A ce nom, la valetaille poussa d'un commun accord une immense huée ; un éclat de rire énorme, homérique, convulsif, souleva toutes ces poitrines chamarrées de galons : « Ce petit monsieur qui se croit le comte Labinski ! ha ! ha ! hi ! hi ! l'idée est bonne ! »

Une sueur glacée mouilla les tempes d'Olaf de Saville. Une pensée aiguë lui traversa la cervelle comme une lame d'acier, et il sentit se figer la moelle de ses os. Smarra lui avait-il mis son genou sur la poitrine ou vivait-il de la vie réelle ? Sa raison avait-elle sombré dans l'océan sans fond du magnétisme, ou était-il le jouet de quelque machination diabolique ? — Aucun de ses laquais si tremblants, si soumis, si prosternés devant lui, ne le reconnaissait. Lui avait-on changé son corps comme son vêtement et sa voiture ?

« Pour que vous soyez bien sûr de n'être pas le comte de Labinski, dit un des plus insolents de la bande, regardez là-bas, le voilà lui-même qui descend le perron, attiré par le bruit de votre algarade. »

Le captif du suisse tourna les yeux vers le fond de la cour, et vit debout sous l'auvent de la marquise un jeune homme de taille élégante et svelte, à figure ovale, aux yeux noirs, au nez aquilin, à la moustache fine, qui n'était autre que lui-même, ou son spectre modelé par le diable, avec une ressemblance à faire illusion.

Le suisse lâcha les mains qu'il tenait prisonnières. Les valets se rangèrent respectueusement contre la muraille, le regard baissé, les mains pendantes, dans une immobilité absolue, comme les icoglans à l'approche du padischa ; ils rendaient à ce fantôme les honneurs qu'ils refusaient au comte véritable.

L'époux de Prascovie, quoique intrépide comme un Slave, c'est tout dire, ressentit un effroi indicible à l'approche de ce Ménechme, qui, plus terrible que celui du théâtre, se mêlait à la vie positive et rendait son jumeau méconnaissable.

Une ancienne légende de famille lui revint en mémoire et augmenta encore sa terreur. Chaque fois qu'un Labinski devait mourir, il en était averti par l'apparition d'un fantôme absolument pareil à lui. Parmi les nations du Nord, voir son double, même en rêve, a toujours passé pour un présage fatal, et l'intrépide guerrier du Caucase, à l'aspect de cette vision extérieure de son moi, fut saisi d'une insurmontable horreur superstitieuse ; lui qui eût plongé son bras dans la gueule des canons prêts à tirer, il recula devant lui-même.

Octave-Labinski s'avança vers son ancienne forme, où se débattait, s'indignait et frissonnait l'âme du comte, et lui dit d'un ton de politesse hautaine et glaciale :

« Monsieur, cessez de vous compromettre avec ces valets. M. le comte de Labinski, si vous voulez lui parler, est visible de midi à deux heures. Madame la comtesse reçoit le jeudi les personnes qui ont eu l'honneur de lui être présentées. »

Cette phrase débitée lentement et en donnant de la valeur à chaque syllabe, le faux comte se retira d'un pas tranquille, et les portes de l'escalier se refermèrent sur lui.

On porta dans la voiture Olaf-de Saville évanoui. Lorsqu'il reprit ses sens il était

couché sur un lit qui n'avait pas la forme
du sien, dans une chambre où il ne se rappelait pas être jamais entré; près de lui se
tenait un domestique étranger qui lui soulevait la tête et lui faisait respirer un flacon
d'éther.

« Monsieur se sent-il mieux? demanda Jean
au comte, qu'il prenait pour son maître.

— Oui, répondit Olaf-de Saville; ce n'était
qu'une faiblesse passagère.

— Puis-je me retirer ou faut-il que je veille
Monsieur?

— Non, laissez-moi seul; mais, avant de
vous retirer, allumez les torchères près de la
glace.

— Monsieur n'a pas peur que cette vive
clarté ne l'empêche de dormir?

— Nullement; d'ailleurs je n'ai pas sommeil
encore.

— Je ne me coucherai pas, et si Monsieur
a besoin de quelque chose j'accourrai au premier coup de sonnette, » dit Jean, intérieure-
ment alarmé de la pâleur et des traits décom-
posés du comte.

Lorsque Jean se fut retiré après avoir

allumé les bougies, le comte s'élança vers la glace, et, dans le cristal profond et pur où tremblait la scintillation des lumières, il vit une tête jeune, douce et triste, aux abondants cheveux noirs, aux prunelles d'un azur sombre, aux joues pâles, duvetée d'une barbe soyeuse et brune, une tête qui n'était pas la sienne, et qui du fond du miroir le regardait avec un air surpris. Il s'efforça d'abord de croire qu'un mauvais plaisant encadrait son masque dans la bordure incrustée de cuivre et de burgau de la glace à biseaux vénitiens. Il passa la main derrière; il ne sentit que les planches du parquet; il n'y avait personne.

Ses mains, qu'il tâta, étaient plus maigres, plus longues, plus veinées; au doigt annulaire saillait en bosse une grosse bague d'or avec un chaton d'aventurine sur laquelle un blason était gravé, — un écu fascé de gueules et d'argent, et pour timbre un tortil de baron. Cet anneau n'avait jamais appartenu au comte, qui portait d'or à l'aigle de sable essorant, becqué, patté et onglé du même; le tout surmonté de la couronne à perles. Il

fouilla ses poches, il y trouva un petit portefeuille contenant des cartes de visite avec ce
nom : « Octave de Saville. »

Le rire des laquais à l'hôtel Labinski, l'apparition de son double, la physionomie inconnue substituée à sa réflexion dans le
miroir pouvaient être, à la rigueur, les illusions d'un cerveau malade ; mais ces habits
différents, cet anneau qu'il ôtait de son doigt,
étaient des preuves matérielles, palpables,
des témoignages impossibles à récuser. Une
métamorphose complète s'était opérée en lui
à son insu, un magicien, à coup sûr, un démon peut-être, lui avait volé sa forme, sa
noblesse, son nom, toute sa personnalité, en
ne lui laissant que son âme sans moyens de
la manifester.

Les historiens fantastiques de Pierre
Schlemil et de la Nuit de saint Sylvestre lui
revinrent en mémoire ; mais les personnages
de Lamotte-Fouqué et d'Hoffmann n'avaient
perdu, l'un que son ombre, l'autre que son
reflet ; et si cette privation bizarre d'une pro-
jection que tout le monde possède inspirait
des soupçons inquiétants, personne du moins

ne leur niait qu'ils ne fussent eux-mêmes.

Sa position, à lui, était bien autrement désastreuse : il ne pouvait réclamer son titre de comte Labinski avec la forme dans laquelle il se trouvait emprisonné. Il passerait aux yeux de tout le monde pour un impudent imposteur, ou tout au moins pour un fou. Sa femme même le méconnaîtrait affublé de cette apparence mensongère. — Comment prouver son identité? Certes, il y avait mille circonstances intimes, mille détails mystérieux inconnus de toute autre personne, qui, rappelés à Prascovie, lui feraient reconnaître l'âme de son mari sous ce déguisement; mais que vaudrait cette conviction isolée, au cas où il l'obtiendrait, contre l'unanimité de l'opinion? Il était bien réellement et bien absolument dépossédé de son moi. Autre anxiété : Sa transformation se bornait-elle au changement extérieur de la taille et des traits, ou habitait-il en réalité le corps d'un autre? En ce cas, qu'avait-on fait du sien? Un puits de chaux l'avait-il consumé ou était-il devenu la propriété d'un hardi voleur? Le double aperçu à l'hôtel Labinski pouvait être un spectre, une

vision, mais aussi un être physique, vivant,
installé dans cette peau que lui aurait déro-
bée, avec une habileté infernale, ce médecin
à figure de fakir.

Une idée affreuse lui mordit le cœur de ses
crochets de vipère : « Mais ce comte de Labinski fictif, pétri dans ma forme par les
mains du démon, ce vampire qui habite maintenant mon hôtel, à qui mes valets obéissent
contre moi, peut-être à cette heure met-il
son pied fourchu sur le seuil de cette chambre
où je n'ai jamais pénétré que le cœur ému
comme le premier soir, et Prascovie lui sou-
rit-elle doucement et penche-t-elle avec une
rougeur divine sa tête charmante sur cette
épaule parafée de la griffe du diable, prenant pour moi cette larve menteuse, ce bru-
colaque, cette empouse, ce hideux fils de la
nuit et de l'enfer. Si je courais à l'hôtel, si
j'y mettais le feu pour crier, dans les flammes,
à Prascovie : On te trompe, ce n'est pas Olaf
ton bien-aimé que tu tiens sur ton cœur ! Tu
vas commettre innocemment un crime abomi-
nable et dont mon âme désespérée se sou-
viendra encore quand les éternités se seront

fatigué les mains à retourner leurs sabliers! »

Des vagues enflammées affluaient au cerveau du comte, il poussait des cris de rage inarticulés, se mordait les poings, tournait dans la chambre comme une bête fauve. La folie allait submerger l'obscure conscience qui lui restait de lui-même ; il courut à la toilette d'Octave, remplit une cuvette d'eau et y plongea sa tête, qui sortit fumante de ce bain glacé.

Le sang-froid lui revint. Il se dit que le temps du magisme et de la sorcellerie était passé ; que la mort seule déliait l'âme du corps ; qu'on n'escamotait pas de la sorte, au milieu de Paris, un comte polonais accrédité de plusieurs millions chez Rothschild, allié aux plus grandes familles, mari aimé d'une femme à la mode, décoré de l'ordre de Saint-André de première classe, et que tout cela n'était sans doute qu'une plaisanterie d'assez mauvais goût de M. Balthazar Cherbonneau, qui s'expliquerait le plus naturellement du monde, comme les épouvantails des romans d'Anne Radcliffe.

Comme il était brisé de fatigue, il se jeta

sur le lit d'Octave et s'endormit d'un sommeil lourd, opaque, semblable à la mort, qui
durait encore lorsque Jean, croyant son maître
éveillé, vint poser sur la table les lettres et
les journaux.

VIII

Le comte ouvrit les yeux et promena autour de lui un regard investigateur ; il vit une chambre à coucher confortable, mais simple ; un tapis ocellé, imitant la peau de léopard, couvrait le plancher ; des rideaux de tapisserie, que Jean venait d'entr'ouvrir, pendaient aux fenêtres et masquaient les portes ; les murs étaient tendus d'un papier velouté vert uni, simulant le drap. Une pendule formée d'un bloc de marbre noir, au cadran de platine, surmontée de la statuette en argent oxydé de la Diane de Gabies, réduite par Barbedienne, et accompagnée de deux coupes antiques, aussi en argent, décorait la cheminée de marbre blanc à veines bleuâtres ; le miroir de Venise où le comte avait découvert la veille qu'il ne possédait plus sa figure habituelle, et un portrait de femme âgée peint par Flandrin, sans doute celui de la mère d'Octave, étaient les seuls ornements de cette

pièce, un peu triste et sévère ; un divan, un
fauteuil à la Voltaire placé près de la cheminée, une table à tiroirs, couverte de papiers
et de livres, composaient un ameublement
commode, mais qui ne rappelait en rien les
somptuosités de l'hôtel Labinski.

« Monsieur se lève-t-il ? » dit Jean de cette
voix ménagée qu'il s'était faite pendant la maladie d'Octave, et en présentant au comte la
chemise de couleur, le pantalon de flanelle à
pied et la gandoura d'Alger, vêtements du
matin de son maître. Quoiqu'il répugnât au
comte de mettre les habits d'un étranger, à
moins de rester nu il lui fallait accepter ceux
que lui présentait Jean, et il posa ses pieds
sur la peau d'ours soyeuse et noire qui servait
de descente de lit.

Sa toilette fut bientôt achevée, et Jean,
sans paraître concevoir le moindre doute sur
l'identité du faux Octave de Saville qu'il ai-
dait à s'habiller, lui dit : « A quelle heure
monsieur désire-t-il déjeuner ? »

« A l'heure ordinaire, » répondit le comte,
qui, afin de ne pas éprouver d'empêchement
dans les démarches qu'il comptait faire pour

recouvrer sa personnalité, avait résolu d'accepter extérieurement son incompréhensible transformation.

Jean se retira, et Olaf de Saville ouvrit les deux lettres qui avaient été apportées avec les journaux, espérant y trouver quelques renseignements; la première contenait des reproches amicaux, et se plaignait de bonnes relations de camaraderie interrompues sans motif; un nom inconnu pour lui la signait. La seconde était du notaire d'Octave, et le pressait de venir toucher un quartier de rente échu depuis longtemps, ou du moins d'assigner un emploi à ces capitaux qui restaient improductifs.

« Ah çà, il paraît, se dit le comte, que l'Octave de Saville dont j'occupe la peau bien contre mon gré existe réellement; ce n'est point un être fantastique, un personnage d'Achim d'Arnim ou de Clément Brentano : il a un appartement, des amis, un notaire, des rentes à émarger, tout ce qui constitue l'état civil d'un gentleman. Il me semble bien, cependant, que je suis le comte Olaf Labinski.»

Un coup d'œil jeté sur le miroir le convainquit que cette opinion ne serait partagée de personne ; à la pure clarté du jour, aux douteuses lueurs des bougies, le reflet était identique.

En continuant la visite domiciliaire, il ouvrit les tiroirs de la table : dans l'un il trouva des titres de propriété, deux billets de mille francs et cinquante louis, qu'il s'appropria sans scrupule pour les besoins de la campagne qu'il allait commencer, et dans l'autre un portefeuille en cuir de Russie fermé par une serrure à secret.

Jean entra, annonçant M. Alfred Humbert, qui s'élança dans la chambre avec la familiarité d'un ancien ami, sans attendre que le domestique vînt lui rendre la réponse du maître.

« Bonjour, Octave, dit le nouveau venu, beau jeune homme à l'air cordial et franc ; que fais-tu, que deviens-tu, es-tu mort ou vivant? On ne te voit nulle part ; on t'écrit, tu ne réponds pas. — Je devrais te bouder, mais, ma foi, je n'ai pas d'amour-propre en affection, et je viens te serrer la main.—Que diable! on ne peut pas laisser mourir de mélancolie son camarade de collége au fond de cet appartement lugubre comme la cellule de Charles-Quint au monastère de Yuste. Tu te figures que tu es malade, tu t'ennuies, voilà tout; mais je te forcerai à te distraire, et je vais t'emmener d'autorité à un joyeux déjeuner où Gustave Raimbaud enterre sa liberté de garçon, »

En débitant cette tirade d'un ton moitié fâché, moitié comique, il secouait vigoureusement à la manière anglaise la main du comte qu'il avait prise.

« Non, répondit le mari de Prascovie, entrant dans l'esprit de son rôle, je suis plus souffrant aujourd'hui que d'ordinaire; je ne me sens pas en train; je vous attristerais et vous gênerais.

— En effet, tu es bien pâle et tu as l'air fatigué ; à une occasion meilleure! Je me sauve, car je suis en retard de trois douzaines d'huîtres vertes et d'une bouteille de vin de Sauterne, dit Alfred en se dirigeant vers la porte : Raimbaud sera fâché de ne pas te voir. »

Cette visite augmenta la tristesse du comte.

— Jean le prenait pour son maître, Alfred pour son ami. Une dernière épreuve lui manquait. La porte s'ouvrit; une dame dont les bandeaux étaient entremêlés de fils d'argent, et qui ressemblait d'une manière frappante au portrait suspendu à la muraille, entra dans la chambre, s'assit sur le divan, et dit au comte :

« Comment vas-tu, mon pauvre Octave ? Jean m'a dit que tu étais rentré tard hier, et dans un état de faiblesse alarmante; ménage-toi bien, mon cher fils, car tu sais combien je t'aime, malgré le chagrin que me cause cette inexplicable tristesse dont tu n'as jamais voulu me confier le secret.

— Ne craignez rien, ma mère, cela n'a rien de grave, répondit Olaf de Saville; je suis beaucoup mieux aujourd'hui. »

Mme de Saville, rassurée, se leva et sortit, ne voulant pas gêner son fils qu'elle savait ne pas aimer à être troublé longtemps dans sa solitude.

« Me voilà bien définitivement Octave de Saville, s'écria le comte lorsque la vieille dame fut partie; sa mère me reconnaît et ne

devine pas une âme étrangère sous l'épiderme
de son fils. Je suis donc à jamais peut-être
claquemuré dans cette enveloppe ; quelle
étrange prison pour un esprit que le corps
d'un autre ! Il est dur pourtant de renoncer à
être le comte Olaf Labinski, de perdre son
blason, sa femme, sa fortune, et de se voir
réduit à une chétive existence bourgeoise.
Oh ! je la déchirerai, pour en sortir, cette
peau de Nessus qui s'attache à mon moi, et
je ne la rendrai qu'en pièces à son premier
possesseur. Si je retournais à l'hôtel ! Non !
— Je ferais un scandale inutile, et le Suisse
me jetterait à la porte, car je n'ai plus de
vigueur dans cette robe de chambre de malade ; voyons, cherchons, car il faut que je
sache un peu la vie de cet Octave de Saville
qui est moi maintenant. Et il essaya d'ouvrir
le portefeuille. Le ressort touché par hasard
céda, et le comte tira, des poches de cuir,
d'abord plusieurs papiers, noircis d'une écri-
ture serrée et fine, ensuite un carré de vélin ;
— sur le carré de vélin une main peu habile,
mais fidèle, avait dessiné, avec la mémoire
du cœur et la ressemblance que n'atteignent

pas toujours les grands artistes, un portrait au crayon de la comtesse Prascovie Labinska, qu'il était impossible de ne pas reconnaître du premier coup d'œil.

Le comte demeura stupéfait de cette découverte. A la surprise succéda un furieux mouvement de jalousie; comment le portrait de la comtesse se trouvait-il dans le portefeuille secret de ce jeune homme inconnu, d'où lui venait-il, qui l'avait fait, qui l'avait donné? Cette Prascovie si religieusement adorée serait-elle descendue de son ciel d'amour dans une intrigue vulgaire? Quelle raillerie infernale l'incarnait, lui, le mari, dans le corps de l'amant de cette femme, jusque-là crue si pure? — Après avoir été l'époux, il allait être le galant! Sarcastique métamorphose, renversement de position à devenir fou, il pourrait se tromper lui-même, être à la fois Clitandre et Georges Dandin!

Toutes ces idées bourdonnaient tumultueusement dans son crâne; il sentait sa raison près de s'échapper, et il fit, pour reprendre un peu de calme, un effort suprême de volonté. Sans écouter Jean qui l'avertissait que le déjeuner était servi, il continua avec une trépidation nerveuse l'examen du portefeuille mystérieux.

Les feuillets composaient une espèce de journal psychologique, abandonné et repris à diverses époques; en voici quelques fragments, dévorés par le comte avec une curiosité anxieuse :

« Jamais elle ne m'aimera, jamais, jamais! J'ai lu dans ses yeux si doux ce mot si cruel, que Dante n'en a pas trouvé de plus dur pour l'inscrire sur les portes de bronze de la Cité Dolente : « Perdez tout espoir. » Qu'ai-je fait à Dieu pour être damné vivant? Demain, après-demain, toujours, ce sera la même chose! Les astres peuvent entre-croiser leurs orbes, les étoiles en conjonction former des nœuds, rien dans mon sort ne changera. D'un mot, elle a dissipé le rêve ; d'un geste, brisé l'aile à la chimère. Les combinaisons fabuleuses des impossibilités ne m'offrent aucune chance; les chiffres, rejetés un milliard de fois dans la roue de la fortune, n'en sortiraient pas, — il n'y a pas de numéro gagnant pour moi! »

« Malheureux que je suis! je sais que le

paradis m'est fermé et je reste stupidement assis au seuil, le dos appuyé à la porte, qui ne doit pas s'ouvrir, et je pleure en silence, sans secousses, sans efforts, comme si mes yeux étaient des sources d'eau vive. Je n'ai pas le courage de me lever et de m'enfoncer au désert immense ou dans la Babel tumultueuse des hommes. »

« Quelquefois, quand, la nuit, je ne puis dormir, je pense à Prascovie ; — si je dors, j'en rêve ; — oh ! qu'elle était belle ce jour-là, dans le jardin de la villa Salviati, à Florence ! — Cette robe blanche et ces rubans noirs, — c'était charmant et funèbre ! Le blanc pour elle, le noir pour moi ! — Quelquefois les rubans, remués par la brise, formaient une croix sur ce fond d'éclatante blancheur ; un esprit invisible disait tout bas la messe de mort de mon cœur. »

« Si quelque catastrophe inouïe mettait sur mon front la couronne des empereurs et des califes ; si la terre saignait pour moi ses veines d'or ; si les mines de diamant de Golconde et de Visapour me laissaient fouiller à pleines mains dans leurs gangues étincelantes ; si la

lyre de Byron résonnait sous mes doigts; si
les plus parfaits chefs-d'œuvre de l'art antique et moderne me prêtaient leurs beautés;
si je découvrais un monde, eh bien, je n'en
serais pas plus avancé pour cela! »

« A quoi tient la destinée! — j'avais envie
d'aller à Constantinople, je ne l'aurais pas
rencontrée; je reste à Florence, je la vois et
je meurs. »

« Je me serais bien tué; mais elle respire
dans cet air où nous vivons, et peut-être ma
lèvre avide aspirera-t-elle — ô bonheur ineffable! — une effluve lointaine de ce souffle
embaumé; et puis l'on assignerait à mon âme
coupable quelque planète d'exil, et je n'aurais
pas la chance de me faire aimer d'elle dans
l'autre vie. — Être encore séparés là-bas,
elle au paradis, moi en enfer : pensée acca-
blante! »

« Pourquoi faut-il que j'aime précisément
la seule femme qui ne peut m'aimer! d'autres
qu'on dit belles, qui étaient libres, me sou-
riaient de leur sourire le plus tendre et semblaient appeler un aveu qui ne venait pas. Oh!
qu'il est heureux, lui! Quelle sublime vie an-

térieure Dieu récompense-t-il en lui par le don magnifique de cet amour ? »

... Il était inutile d'en lire davantage. Le soupçon que le comte avait pu concevoir à l'aspect du portrait de Prascovie s'était évanoui dès les premières lignes de ces tristes confidences. Il comprit que l'image chérie, recommencée mille fois, avait été caressée loin du modèle avec cette patience infatigable de l'amour malheureux, et que c'était la madone d'une petite chapelle mystique, devant laquelle s'agenouillait l'adoration sans espoir.

« Mais si cet Octave avait fait un pacte avec le diable pour me dérober mon corps et surprendre sous ma forme l'amour de Prascovie ! »

L'invraisemblance, au dix-neuvième siècle, d'une pareille supposition, la fit bientôt abandonner au comte, qu'elle avait cependant étrangement troublé.

Souriant lui-même de sa crédulité, il mangea, refroidi, le déjeuner servi par Jean, s'habilla et demanda la voiture. Lorsqu'on eut attelé, il se fit conduire chez le docteur Balthazar Cherbonneau ; il traversa ces salles où

la veille il était entré s'appelant encore le
comte Olaf Labinski, et d'où il était sorti salué
par tout le monde du nom d'Octave de Saville. Le docteur était assis, comme à son ordinaire, sur le divan de la pièce du fond,
tenant son pied avec sa main, et paraissait
plongé dans une méditation profonde.

Au bruit des pas du comte, le docteur re-
leva la tête.

« Ah ! c'est vous, mon cher Octave ; j'allais
passer chez vous ; mais c'est bon signe quand
le malade vient voir le médecin.

— Toujours Octave ! dit le comte, je crois
que j'en deviendrai fou de rage ! » Puis, se
croisant les bras, il se plaça devant le docteur, et, le regardant avec une fixité terrible :

« Vous savez bien, monsieur Balthazar Cherbonneau, que je ne suis pas Octave, mais le
comte Olaf Labinski, puisque hier soir vous
m'avez, ici même, volé ma peau au moyen de
vos sorcelleries exotiques. »

A ces mots, le docteur partit d'un énorme
éclat de rire, se renversa sur ses coussins, et
se mit les poings au côté pour contenir les
convulsions de sa gaieté.

« Modérez, docteur, cette joie intempestive dont vous pourriez vous repentir. Je parle sérieusement.

— Tant pis, tant pis ! cela prouve que l'anesthésie et l'hypocondrie pour laquelle je vous soignais se tournent en démence. Il faudra changer le régime, voilà tout.

— Je ne sais à quoi tient, docteur du diable, que je ne vous étrangle de mes mains, » cria le comte en s'avançant vers Cherbonneau.

Le docteur sourit de la menace du comte, qu'il toucha du bout d'une petite barre d'acier. — Olaf de Saville reçut une commotion terrible, et crut qu'il avait le bras cassé.

« Oh ! nous avons les moyens de réduire les malades lorsqu'ils se regimbent, dit-il en laissant tomber sur lui ce regard froid comme une douche, qui dompte les fous et fait s'aplatir les lions sur le ventre. Retournez chez vous, prenez un bain, cette surexcitation se calmera. »

Olaf de Saville, étourdi par la secousse électrique, sortit de chez le docteur Cherbonneau plus incertain et plus troublé que jamais. Il se fit conduire à Passy chez le docteur B***, pour le consulter.

« Je suis, dit-il au médecin célèbre, en proie à une hallucination bizarre ; lorsque je me regarde dans une glace, ma figure ne m'apparaît pas avec ses traits habituels ; la forme des objets qui m'entourent est changée ; je ne reconnais ni les murs ni les meubles de ma chambre ; il me semble que je suis une autre personne que moi-même.

— Sous quel aspect vous voyez-vous ? demanda le médecin ; l'erreur peut venir des yeux ou du cerveau.

— Je me vois des cheveux noirs, des yeux bleu foncé, un visage pâle encadré de barbe.

— Un signalement de passe-port ne serait pas plus exact : il n'y a chez vous ni hallucination intellectuelle, ni perversion de la vue. Vous êtes, en effet, tel que vous dites.

— Mais non ! J'ai réellement les cheveux blonds, les yeux noirs, le teint hâlé et une moustache effilée à la hongroise.

— Ici, répondit le médecin, commence une légère altération des facultés intellectuelles.

— Pourtant, docteur, je ne suis nullement fou.

— Sans doute. Il n'y a que les sages qui viennent chez moi tout seuls. Un peu de fatigue, quelque excès d'étude ou de plaisir aura causé ce trouble. Vous vous trompez ; la vision est réelle, l'idée est chimérique ; au lieu d'être un blond qui se voit brun, vous êtes un brun qui se croit blond.

— Pourtant je suis sûr d'être le comte Olaf Labinski, et tout le monde depuis hier m'appelle Octave de Saville.

— C'est précisément ce que je disais, répondit le docteur. Vous êtes M. de Saville et vous vous imaginez être M. le comte Labinski, que je me souviens d'avoir vu, et qui, en effet, est blond. — Cela explique parfaitement comment vous vous trouvez une autre figure dans le miroir ; cette figure, qui est la vôtre, ne répond point à votre idée intérieure et vous surprend. — Réfléchissez à ceci, que tout le monde vous nomme M. de Saville, et par conséquent ne partage pas votre croyance. Venez passer une quinzaine de jours ici : les bains, le repos, les promenades sous les grands arbres dissiperont cette influence fâcheuse. »

Le comte baissa la tête et promit de revenir. Il ne savait plus que croire. Il retourna à l'appartement de la rue Saint-Lazare, et vit par hasard sur la table la carte d'invitation de la comtesse Labinska, qu'Octave avait montrée à M. Cherbonneau.

« Avec ce talisman, s'écria-t-il, demain je pourrai la voir ! »

IX

Lorsque les valets eurent porté à sa voiture le vrai comte Labinski chassé de son paradis terrestre par le faux ange gardien debout sur le seuil, l'Octave transfiguré rentra dans le petit salon blanc et or pour attendre le loisir de la comtesse.

Appuyé contre le marbre blanc de la cheminée dont l'âtre était rempli de fleurs, il se voyait répété au fond de la glace placée en symétrie sur la console à pieds tarabiscotés et dorés. Quoiqu'il fût dans le secret de sa métamorphose, ou, pour parler plus exactement, de sa transposition, il avait peine à se persuader que cette image si différente de la sienne fût le double de sa propre figure, et il ne pouvait détacher ses yeux de ce fantôme étranger qui était cependant devenu lui. Il se regardait et voyait un autre. Involontairement il cherchait si le comte Olaf n'était pas

accoudé près de lui à la tablette de la cheminée projetant sa réflexion au miroir ; mais il
était bien seul ; le docteur Cherbonneau avait
fait les choses en conscience.

Au bout de quelques minutes, Octave-
Labinski ne songea plus au merveilleux
avatar qui avait fait passer son âme dans le
corps de l'époux de Prascovie ; ses pensées
prirent un cours plus conforme à sa situation.
Cet événement incroyable, en dehors de toutes
les possibilités, et que l'espérance la plus
chimérique n'eût pas osé rêver en son délire,
était arrivé ! Il allait se trouver en présence
de la belle créature adorée, et elle ne le re-
pousserait pas ! La seule combinaison qui pût
concilier son bonheur avec l'immaculée vertu
de la comtesse s'était réalisée !

Près de ce moment suprême, son âme
éprouvait des transes et des anxiétés af-
freuses : les timidités du véritable amour la
faisaient défaillir comme si elle habitait encore la forme dédaignée d'Octave de Saville.

L'entrée de la femme de chambre mit fin à
ce tumulte de pensées qui se combattaient.
A son approche il ne put maîtriser un sou-

bresaut nerveux, et tout son sang afflua vers son cœur lorsqu'elle lui dit :

« Madame la comtesse peut à présent recevoir monsieur. »

Octave-Labinski suivit la femme de chambre, car il ne connaissait pas les êtres de l'hôtel, et ne voulait pas trahir son ignorance par l'incertitude de sa démarche.

La femme de chambre l'introduisit dans une pièce assez vaste, un cabinet de toilette orné de toutes les recherches du luxe le plus délicat. Une suite d'armoires d'un bois précieux sculptées par Knecht et Lienhart, et dont les battants étaient séparés par des colonnes torses autour desquelles s'enroulaient en spirales de légères brindilles de convolvulus aux feuilles en cœur et aux fleurs en clochettes découpées avec un art infini, formait une espèce de boiserie architecturale, un portique d'ordre capricieux d'une élégance rare et d'une exécution achevée; dans ces armoires étaient serrés les robes de velours et de moire, les cachemires, les mantelets, les dentelles, les pelisses de martre-zibeline, de renard bleu, les chapeaux aux mille formes, tout l'attirail de la jolie femme.

En face se répétait le même motif, avec cette différence que les panneaux pleins étaient remplacés par des glaces jouant sur des charnières comme des feuilles de paravent, de façon à ce que l'on pût s'y voir de face, de profil, par derrière, et juger de l'effet d'un corsage ou d'une coiffure.

Sur la troisième face régnait une longue toilette plaquée d'albâtre-onyx, où des robinets d'argent dégorgeaient l'eau chaude et froide dans d'immenses jattes du Japon enchâssées par des découpures circulaires du même métal ; des flacons en cristal de Bohême, qui, aux feux des bougies, étincelaient comme des diamants et des rubis, contenaient les essences et les parfums.

Les murailles et le plafond étaient capitonnés de satin vert d'eau, comme l'intérieur d'un écrin. Un épais tapis de Smyrne, aux teintes moelleusement assorties, ouatait le plancher.

Au milieu de la chambre, sur un socle de velours vert, était posé un grand coffre de forme bizarre, en acier de Khorassan ciselé,

niellé et ramagé d'arabesques d'une compli-
cation à faire trouver simples les ornements
de la salle des Ambassadeurs à l'Alhambra.
L'art oriental semblait avoir dit son dernier
mot dans ce travail merveilleux, auquel les
doigts de fées de Péris avaient dû prendre
part. C'était dans ce coffre que la comtesse
Prascovie Labinska enfermait ses parures,
des joyaux dignes d'une reine, et qu'elle ne
mettait que fort rarement, trouvant avec
raison qu'ils ne valaient pas la place qu'ils
couvraient. Elle était trop belle pour avoir
besoin d'être riche : son instinct de femme le
lui disait. Aussi ne leur faisait-elle voir les
lumières que dans les occasions solennelles
où le faste héréditaire de l'antique maison
Labinski devait paraître avec toute sa splen-
deur. Jamais diamants ne furent moins occupés.

Près de la fenêtre, dont les amples rideaux
retombaient en plis puissants, devant une
toilette à la duchesse, en face d'un miroir
que lui penchaient deux anges sculptés par
Mlle de Fauveau avec cette élégance longue
et fluette qui caractérise son talent, illuminée

de la lumière blanche de deux torchères à six
bougies, se tenait assise la comtesse Prascovie Labinska, radieuse de fraîcheur et de
beauté. Un bournous de Tunis d'une finesse
idéale, rubané de raies bleues et blanches
alternativement opaques et transparentes,
l'enveloppait comme un nuage souple ; la
légère étoffe avait glissé sur le tissu satiné
des épaules et laissait voir la naissance et les
attaches d'un col qui eût fait paraître gris le
col de neige du cygne. Dans l'interstice des
plis bouillonnaient les dentelles d'un peignoir
de batiste, parure nocturne que ne retenait
aucune ceinture ; les cheveux de la comtesse
étaient défaits et s'allongeaient derrière elle
en nappes opulentes comme le manteau d'une
impératrice. — Certes, les torsades d'or
fluide dont la Vénus Aphrodite exprimait des
perles, agenouillée dans sa conque de nacre,
lorsqu'elle sortit comme une fleur des mers
de l'azur ionien, étaient moins blondes,
moins épaisses, moins lourdes ! Mêlez l'ambre
du Titien et l'argent de Paul Véronèse avec
le vernis d'or de Rembrandt ; faites passer le
soleil à travers la topaze, et vous n'obtien-

drez pas encore le ton merveilleux de cette opulente chevelure, qui semblait envoyer la lumière au lieu de la recevoir, et qui eût mérité mieux que celle de Bérénice de flamboyer, constellation nouvelle, parmi les anciens astres ! Deux femmes la divisaient, la polissaient, la crespelaient et l'arrangeaient en boucles soigneusement massées pour que le contact de l'oreiller ne la froissât pas.

Pendant cette opération délicate, la comtesse faisait danser au bout de son pied une babouche de velours blanc brodée de cannetilles d'or, petite à rendre jalouses les khanouns et les odalisques du Padischa. Parfois, rejetant les plis soyeux du bournous, elle découvrait son bras blanc, et repoussait de la main quelques cheveux échappés, avec un mouvement d'une grâce mutine.

Ainsi abandonnée dans sa pose nonchalante, elle rappelait ces sveltes figures de toilettes grecques qui ornent les vases antiques et dont aucun artiste n'a pu retrouver le pur et suave contour, la beauté jeune et légère ; elle était mille fois plus séduisante encore que dans le jardin de la villa Salviati, à Florence ;

et si Octave n'avait pas été déjà fou d'amour, il le serait infailliblement devenu ; mais, par bonheur, on ne peut rien ajoûter à l'infini.

Octave-Labinski sentit à cet aspect, comme s'il eût vu le spectacle le plus terrible, ses genoux s'entre-choquer et se dérober sous lui. Sa bouche se sécha, et l'angoisse lui étreignit la gorge comme la main d'un Thugg ; des flammes rouges tourbillonnèrent autour de ses yeux. Cette beauté le médusait.

Il fit un effort de courage, se disant que ces manières effarées et stupides, convenables à un amant repoussé, seraient parfaitement ridicules de la part d'un mari, quelque épris qu'il pût être encore de sa femme, et il marcha assez résolûment vers la comtesse.

« Ah! c'est vous, Olaf! comme vous rentrez tard ce soir! » dit la comtesse sans se retourner, car sa tête était maintenue par les longues nattes que tressaient ses femmes, et la dégageant des plis du bournous, elle lui tendit une de ses belles mains.

Octave-Labinski saisit cette main plus douce et plus fraîche qu'une fleur, la porta à ses lèvres et y imprima un long, un ardent baiser,

— toute son âme se concentrait sur cette petite place.

Nous ne savons quelle délicatesse de sensitive, quel instinct de pudeur divine, quelle intuition irraisonnée du cœur avertit la comtesse; mais un nuage rose couvrit subitement sa figure, son col et ses bras, qui prirent cette teinte dont se colore sur les hautes montagnes la neige vierge surprise par le premier baiser du soleil. Elle tressaillit et dégagea lentement sa main, demi-fâchée, demi-honteuse; les lèvres d'Octave lui avaient produit comme une impression de fer rouge. Cependant elle se remit bientôt et sourit de son enfantillage.

« Vous ne me répondez pas, cher Olaf; savez-vous qu'il y a plus de six heures que je ne vous ai vu; vous me négligez, dit-elle d'un ton de reproche; autrefois vous ne m'auriez pas abandonnée ainsi toute une longue soirée. Avez-vous pensé à moi seulement? »

« Toujours, » répondit Octave-Labinski.

« Oh! non, pas toujours; je sens quand vous pensez à moi, même de loin. Ce soir, par exemple, j'étais seule, assise à mon piano, jouant un morceau de Weber et berçant mon ennui de musique ; votre âme a voltigé quelques minutes autour de moi dans le tourbillon sonore des notes ; puis elle s'est envolée je ne sais où sur le dernier accord, et n'est pas revenue. Ne mentez pas, je suis sûre de ce que je dis. »

Prascovie, en effet, ne se trompait pas ; c'était le moment où chez le docteur Balthazar Cherbonneau le comte Olaf Labinski se penchait sur le verre d'eau magique, évoquant une image adorée de toute la force d'une pensée fixe. A dater de là, le comte, submergé dans l'océan sans fond du sommeil magnétique, n'avait plus eu ni idée, ni sentiment, ni volition.

Les femmes, ayant achevé la toilette nocturne de la comtesse, se retirèrent ; Octave-Labinski restait toujours debout, suivant Prascovie d'un regard enflammé. — Gênée et brûlée par ce regard, la comtesse s'enveloppa de son burnous comme la Polymnie de sa draperie. Sa tête seule apparaissait au-dessus des plis blancs et bleus, inquiète, mais charmante.

Bien qu'aucune pénétration humaine n'eût pu deviner le mystérieux déplacement d'âmes opéré par le docteur Cherbonneau au moyen de la formule du Sannyâsi Brahmah-Logum, Prascovie ne reconnaissait pas, dans les yeux d'Octave-Labinski, l'expression ordinaire des yeux d'Olaf, celle d'un amour pur, calme, égal, éternel comme l'amour des anges : — une passion terrestre incendiait ce regard, qui la troublait et la faisait rougir. — Elle ne se rendait pas compte de ce qui s'était passé, mais il s'était passé quelque chose. Mille suppositions étranges lui traversèrent la pensée : n'était-elle plus pour Olaf qu'une femme vulgaire, désirée pour sa beauté comme une courtisane? l'accord sublime de leurs âmes avait-il été rompu par quelque dissonance qu'elle ignorait? Olaf en aimait-il une autre? les corruptions de Paris avaient-elles souillé ce chaste cœur? Elle se posa rapidement ces questions sans pouvoir y répondre d'une manière satisfaisante, et se dit qu'elle était folle; mais, au fond, elle sentait qu'elle avait raison. Une terreur secrète l'envahissait comme si elle eût été en présence d'un danger inconnu, mais deviné par cette seconde vue de l'âme, à laquelle on a toujours tort de ne pas obéir.

Elle se leva agitée et nerveuse et se dirigea vers la porte de sa chambre à coucher. Le faux comte l'accompagna, un bras sur la taille, comme Othello reconduit Desdemone à chaque sortie dans la pièce de Shakspeare; mais quand elle fut sur le seuil, elle se retourna, s'arrêta un instant, blanche et froide comme une statue, jeta un coup d'œil effrayé au jeune homme, entra, ferma la porte vivement et poussa le verrou.

« Le regard d'Octave! » s'écria-t-elle en tombant à demi évanouie sur une causeuse. Quand elle eut repris ses sens, elle se dit : « Mais comment se fait-il que ce regard, dont je n'ai jamais oublié l'expression, étincelle ce soir dans les yeux d'Olaf? Comment en ai-je vu la flamme sombre et désespérée luire à travers les prunelles de mon mari? Octave est-il mort? Est-ce son âme qui a brillé un instant devant moi comme pour me dire adieu avant de quitter cette terre! Olaf! Olaf! si je me suis trompée, si j'ai cédé follement à de vaines terreurs, tu me pardonneras; mais si je t'avais accueilli ce soir, j'aurais cru me donner à un autre! »

La comtesse s'assura que le verrou était bien poussé, alluma la lampe suspendue au plafond, se blottit dans son lit comme un enfant peureux avec un sentiment d'angoisse indéfinissable, et ne s'endormit que vers le matin : des rêves incohérents et bizarres tourmentèrent son sommeil agité. — Des yeux ardents — les yeux d'Octave — se fixaient sur elle du fond d'un brouillard et lui lançaient des jets de feu, pendant qu'au pied de son lit une figure noire et sillonnée de rides se tenait accroupie, marmottant des syllabes d'une langue inconnue; le comte Olaf parut aussi dans ce rêve absurde, mais revêtu d'une forme qui n'était pas la sienne.

Nous n'essaierons pas de peindre le désappointement d'Octave lorsqu'il se trouva en face d'une porte fermée et qu'il entendit le grincement intérieur du verrou. Sa suprême espérance s'écroulait. Eh quoi! il avait eu recours à des moyens terribles, étranges; il s'était livré à un magicien, peut-être à un démon, en risquant sa vie dans ce monde et

son âme dans l'autre pour conquérir une
femme qui lui échappait, quoique livrée à lui
sans défense par les sorcelleries de l'Inde.
Repoussé comme amant, il l'était encore
comme mari; l'invincible pureté de Prascovie
déjouait les machinations les plus infernales.
Sur le seuil de la chambre à coucher elle lui
était apparue comme un ange blanc de Swe-
dembourg foudroyant le mauvais esprit.

Il ne pouvait rester toute la nuit dans cette
situation ridicule; il chercha l'appartement
du comte, et au bout d'une enfilade de pièces
il en vit une où s'élevait un lit aux colonnes
d'ébène, aux rideaux de tapisserie, où parmi
les ramages et les arabesques étaient brodés
des blasons. Des panoplies d'armes orientales,
des cuirasses et des casques de chevaliers
atteints par le reflet d'une lampe, jetaient
des lueurs vagues dans l'ombre; un cuir de
Bohême gaufré d'or miroitait sur les murs.
Trois ou quatre grands fauteuils sculptés, un
bahut tout historié de figurines complétaient
cet ameublement d'un goût féodal, et qui
n'eût pas été déplacé dans la grande salle
d'un manoir gothique; ce n'était pas de la

part du comte frivole imitation de la mode,
mais pieux souvenir. Cette chambre repro-
duisait exactement celle qu'il habitait chez
sa mère, et quoiqu'on l'eût souvent raillé —
sur ce décor de cinquième acte — il avait
toujours refusé d'en changer le style.

Octave-Labinski, épuisé de fatigue et d'émo-
tions, se jeta sur le lit et s'endormit en mau-
dissant le docteur Balthazar Cherbonneau.
Heureusement, le jour lui apporta des idées
plus riantes ; il se promit de se conduire
désormais d'une façon plus modérée, d'é-
teindre son regard, et de prendre les manières d'un mari ; aidé par le valet de
chambre du comte, il fit une toilette sérieuse
et descendit d'un pas tranquille dans la salle
à manger, où Mme la comtesse l'attendait pour
déjeuner.

X

Octave-Labinski descendit sur les pas du valet de chambre, car il ignorait où se trouvait la salle à manger dans cette maison dont il paraissait le maître ; la salle à manger était une vaste pièce au rez-de-chaussée donnant sur la cour, d'un style noble et sévère, qui tenait à la fois du manoir et de l'abbaye : — des boiseries de chêne brun d'un ton chaud et riche, divisées en panneaux et en compartiments symétriques, montaient jusqu'au plafond, où des poutres en saillie et sculptées formaient des caissons hexagones coloriés en bleu et ornés de légères arabesques d'or ; dans les panneaux longs de la boiserie, Philippe Rousseau avait peint les quatre Saisons symbolisées, non pas par des figures mythologiques, mais par des trophées de nature morte composés de productions se rapportant à chaque époque de l'année ; des

Chasses de Jadin faisaient pendant aux natures mortes de Ph. Rousseau, et au-dessus de chaque peinture rayonnait, comme un disque de bouclier, un immense plat de Bernard Palissy ou de Léonard de Limoges, de porcelaine du Japon, de majolique ou de poterie arabe, au vernis irisé par toutes les couleurs du prisme ; des massacres de cerfs, des cornes d'aurochs alternaient avec les faïences, et, aux deux bouts de la salle de grands dressoirs, hauts comme des retables d'églises espagnoles, élevaient leur architecture ouvragée et sculptée d'ornements à rivaliser avec les plus beaux ouvrages de Berruguete, de Cornejo Duque et de Verbruggen ; sur leurs rayons à crémaillère brillaient confusément l'antique argenterie de famille des Labinski, des aiguières aux anses chimériques, des salières à la vieille mode, des hanaps, des coupes, des pièces de surtout contournées par la bizarre fantaisie allemande, et dignes de tenir leur place dans le trésor de la Voûte-Verte de Dresde. En face des argenteries antiques étincelaient les produits merveilleux de l'orfévrerie moderne, les chefs-d'œuvre de Wagner, de Duponchel, de Rudolphi, de Froment-Meurice; thés en vermeil à figurines de Feuchère et de Vechte, plateaux niellés, seaux à vin de Champagne aux anses de pampre, aux bacchanales en bas-relief; réchauds élégants comme des trépieds de Pompéi : sans parler des cristaux de Bohême, des verreries de Venise, des services en vieux Saxe et en vieux Sèvres.

Des chaises de chêne garnies de maroquin vert étaient rangées le long des murs, et sur la table aux pieds sculptés en serre d'aigle, tombait du plafond une lumière égale et pure tamisée par les verres blancs dépolis garnissant le caisson central laissé vide. — Une transparente guirlande de vigne encadrait ce panneau laiteux de ses feuillages verts.

Sur la table, servie à la russe, les fruits entourés d'un cordon de violettes étaient déjà posés, et les mets attendaient le couteau des convives sous leurs cloches de métal poli, luisantes comme des casques d'émirs; un samovar de Moscou lançait en sifflant son jet de vapeur; deux valets, en culotte courte et en cravate blanche, se tenaient immobiles et

silencieux derrière les deux fauteuils, placés
en face l'un de l'autre, pareils à deux statues
de la domesticité.

Octave s'assimila tous ces détails d'un coup
d'œil rapide pour n'être pas involontairement
préoccupé par la nouveauté d'objets qui au-
raient dû lui être familiers.

Un glissement léger sur les dalles, un frou-
frou de taffetas lui fit retourner la tête. C'était
la comtesse Prascovie Labinska qui appro-
chait et qui s'assit après lui avoir fait un
petit signe amical.

Elle portait un peignoir de soie quadrillée
vert et blanc, garni d'une ruche de même
étoffe découpée en dents de loup; ses cheveux massés en épais bandeaux sur les tempes,
et roulés à la naissance de la nuque en une
torsade d'or semblable à la volute d'un cha-
piteau ionien, lui composaient une coiffure
aussi simple que noble, et à laquelle un sta-
tuaire grec n'eût rien voulu changer; son
teint de rose carnée était un peu pâli par
l'émotion de la veille et le sommeil agité de
la nuit; une imperceptible auréole nacrée entourait ses yeux ordinairement si calmes et

si purs ; elle avait l'air fatigué et languissant ; mais ainsi attendrie, sa beauté n'en était que plus pénétrante, elle prenait quelque chose d'humain ; la déesse se faisait femme ; l'ange, reployant ses ailes, cessait de planer.

Plus prudent cette fois, Octave voila la flamme de ses yeux et masqua sa muette extase d'un air indifférent.

La comtesse allongea son petit pied, chaussé d'une pantoufle en peau mordorée, dans la laine soyeuse du tapis-gazon placé sous la table pour neutraliser le froid contact de la mosaïque de marbre blanc et de brocatelle de Vérone qui pavait la salle à manger, fit un léger mouvement d'épaules comme glacée par un dernier frisson de fièvre, et, fixant ses beaux yeux d'un bleu polaire sur le convive qu'elle prenait pour son mari, car le jour avait fait évanouir les pressentiments, les terreurs et les fantômes nocturnes, elle lui dit d'une voix harmonieuse et tendre, pleine de chastes câlineries, une phrase en polonais !!! Avec le comte elle se servait souvent de la chère langue maternelle aux moments de douceur et d'intimité, surtout en présence

des domestiques français, à qui cet idiome
était inconnu.

Le parisien Octave savait le latin, l'italien,
l'espagnol, quelques mots d'anglais ; mais,
comme tous les Gallo-Romains, il ignorait entièrement les langues slaves. — Les chevaux
de frise de consonnes qui défendent les rares
voyelles du polonais lui en eussent interdit
l'approche quand bien même il eût voulu s'y
frotter. — A Florence, la comtesse lui avait
toujours parlé français ou italien, et la pensée
d'apprendre l'idiome dans lequel Mickiewicz
a presque égalé Byron ne lui était pas venue.
On ne songe jamais à tout !

A l'audition de cette phrase il se passa dans
la cervelle du comte, habitée par le moi d'Octave, un très-singulier phénomène : les sons
étrangers au parisien suivant les replis d'une
oreille slave arrivèrent à l'endroit habituel où
l'âme d'Olaf les accueillait pour les traduire
en pensées, et y évoquèrent une sorte de mémoire physique ; leur sens apparut confusément à Octave ; des mots enfouis dans les
circonvolutions cérébrales, au fond des tiroirs
secrets du souvenir, se présentèrent en bour-
donnant, tout prêts à la réplique ; mais ces

réminiscences vagues, n'étant pas mises en communication avec l'esprit, se dissipèrent bientôt, et tout redevint opaque. L'embarras du pauvre amant était affreux; il n'avait pas songé à ces complications en gantant la peau du comte Olaf Labinski, et il comprit qu'en volant la forme d'un autre on s'exposait à de rudes déconvenues.

Prascovie, étonnée du silence d'Octave, et croyant que, distrait par quelque rêverie, il ne l'avait pas entendue, répéta sa phrase lentement et d'une voix plus haute.

S'il entendait mieux le son des mots, le faux comte n'en comprenait pas davantage la signification; il faisait des efforts désespérés pour deviner de quoi il pouvait s'agir; mais pour qui ne les sait pas, les compactes langues du Nord n'ont aucune transparence, et si un Français peut soupçonner ce que dit une Italienne, il sera comme sourd en écoutant parler une Polonaise. — Malgré lui, une rougeur ardente couvrit ses joues; il se mordit les lèvres, et, pour se donner une contenance, découpa rageusement le morceau placé sur son assiette.

« On dirait en vérité, mon cher seigneur,

dit la comtesse, cette fois, en français, que vous ne m'entendez pas, ou que vous ne me comprenez point... »

« En effet, balbutia Octave-Labinski, ne sachant trop ce qu'il disait... cette diable de langue est si difficile ! »

« Difficile ! oui, peut-être pour des étrangers, mais pour celui qui l'a bégayée sur les genoux de sa mère, elle jaillit des lèvres comme le souffle de la vie, comme l'effluve même de la pensée. »

« Oui, sans doute, mais il y a des moments où il me semble que je la sais plus. »

« Que contez-vous là, Olaf? quoi ! vous l'auriez oubliée, la langue de vos aïeux, la langue de la sainte patrie, la langue qui vous fait reconnaître vos frères parmi les hommes, et, ajouta-t-elle plus bas, la langue dans laquelle vous m'avez dit la première fois que vous m'aimiez ! »

« L'habitude de me servir d'un autre idiome... » hasarda Octave-Labinski à bout de raisons.

« Olaf, répliqua la comtesse d'un ton de reproche, je vois que Paris vous a gâté ; j'avais

raison de ne pas vouloir y venir. Qui m'eût
dit que lorsque le noble comte Labinski re-
tournerait dans ses terres, il ne saurait plus
répondre aux félicitations de ses vassaux? »

Le charmant visage de Prascovie prit une
expression douloureuse ; pour la première fois
la tristesse jeta son ombre sur ce front pur
comme celui d'un ange ; ce singulier oubli la
froissait au plus tendre de l'âme, et lui paraissait presque une trahison.

Le reste du déjeuner se passa silencieusement : Prascovie boudait celui qu'elle prenait
pour le comte. Octave était au supplice, car
il craignait d'autres questions qu'il eût été
forcé de laisser sans réponse.

La comtesse se leva et rentra dans ses appartements.

Octave, resté seul, jouait avec le manche
d'un couteau qu'il avait envie de se planter au
cœur, car sa position était intolérable : il
avait compté sur une surprise, et maintenant
il se trouvait engagé dans les méandres sans
issue pour lui d'une existence qu'il ne connaissait pas : en prenant son corps au comte
Olaf Labinski, il eût fallu lui dérober aussi

ses notions antérieures, les langues qu'il possédait, ses souvenirs d'enfance, les mille détails intimes qui composent le moi d'un homme, les rapports liant son existence aux autres existences : et pour cela tout le savoir du docteur Balthazar Cherbonneau n'eût pas suffi. Quelle rage! être dans ce paradis dont il osait à peine regarder le seuil de loin ; habiter sous le même toit que Prascovie, la voir, lui parler, baiser sa belle main avec les lèvres mêmes de son mari, et ne pouvoir tromper sa pudeur céleste, et se trahir à chaque instant par quelque inexplicable stupidité ! « Il était écrit là-haut que Prascovie ne m'aimerait jamais ! Pourtant j'ai fait le plus grand sacrifice auquel puisse descendre l'orgueil humain : j'ai renoncé à mon moi et consenti à profiter sous une forme étrangère, de caresses destinées à un autre ! »

Il en était là de son monologue quand un groom s'inclina devant lui avec tous les signes du plus profond respect, en lui demandant quel cheval il monterait aujourd'hui...

Voyant qu'il ne répondait pas, le groom se

hasarda, tout effrayé d'une telle hardiesse, à murmurer :

« Vultur où Rustem? ils ne sont pas sortis depuis huit jours. »

« Rustem, » répondit Octave-Labinski, comme il eût dit Vultur, mais le dernier nom s'était accroché à son esprit distrait.

Il s'habilla de cheval et partit pour le bois de Boulogne, voulant faire prendre un bain d'air à son exaltation nerveuse.

Rustem, bête magnifique de la race Nedji, qui portait sur son poitrail, dans un sachet oriental de velours brodé d'or, ses titres de noblesse remontant aux premières années de l'hégire, n'avait pas besoin d'être excité. Il semblait comprendre la pensée de celui qui le montait, et dès qu'il eut quitté le pavé et pris la terre, il partit comme une flèche sans qu'Octave lui fît sentir l'éperon. Après deux heures d'une course furieuse, le cavalier et la bête rentrèrent à l'hôtel, l'un calmé, l'autre fumant et les naseaux rouges.

Le comte supposé entra chez la comtesse, qu'il trouva dans son salon, vêtue d'une robe de taffetas blanc à volants étagés jusqu'à la ceinture, un nœud de rubans au coin de l'oreille, car c'était précisément le jeudi, — le jour où elle restait chez elle et recevait ses visites.

« Eh bien, lui dit-elle avec un gracieux sourire, car la bouderie ne pouvait rester longtemps sur ses belles lèvres, avez-vous rattrapé votre mémoire en courant dans les allées du bois? »

« Mon Dieu, non, ma chère, répondit Octave-Labinski; mais il faut que je vous fasse une confidence. »

« Ne connais-je pas d'avance toutes vos pensées? ne sommes-nous plus transparents l'un pour l'autre? »

« Hier, je suis allé chez ce médecin dont on parle tant. »

« Oui, le docteur Balthazar Cherbonneau, qui a fait un long séjour aux Indes et a, dit-on, appris des brahmes une foule de secrets plus merveilleux les uns que les autres. — Vous vouliez même m'emmener; mais je ne suis pas curieuse, — car je sais que vous m'aimez, et cette science me suffit. »

« Il a fait devant moi des expériences si

étranges, opéré de tels prodiges, que j'en ai l'esprit toublé encore. Cet homme bizarre, qui dispose d'un pouvoir irrésistible, m'a plongé dans un sommeil magnétique si profond, qu'à mon réveil je ne me suis plus trouvé les mêmes facultés : j'avais perdu la mémoire de bien des choses ; le passé flottait dans un brouillard confus : seul, mon amour pour vous était demeuré intact. »

« Vous avez eu tort, Olaf, de vous soumettre à l'influence de ce docteur. Dieu, qui a créé l'âme, a le droit d'y toucher ; mais l'homme, en l'essayant, commet une action impie, dit d'un ton grave la comtesse Prascovie Labinska.—J'espère que vous n'y retournerez plus, et que lorsque je vous dirai quelque chose d'aimable — en polonais,— vous me comprendrez comme autrefois. »

Octave, pendant sa promenade à cheval, avait imaginé cette excuse de magnétisme pour pallier les bévues qu'il ne pouvait manquer d'entasser dans son existence nouvelle ; mais il n'était pas au bout de ses peines. — Un domestique, ouvrant le battant de la porte, annonça un visiteur.

« M. Octave de Saville. »

Quoiqu'il dût s'attendre un jour ou l'autre à cette rencontre, le véritable Octave pâlit à ces simples mots comme si la trompette du jugement dernier lui eût brusquement éclaté à l'oreille. Il eut besoin de faire appel à tout son courage et de se dire qu'il avait l'avantage de la situation pour ne pas chanceler; instinctivement il enfonça ses doigts dans le dos d'une causeuse, et réussit ainsi à se maintenir debout avec une apparence ferme et tranquille.

Le comte Olaf, revêtu de l'apparence d'Octave, s'avança vers la comtesse qu'il salua profondément.

« M. le comte Labinski... M. Octave de Saville... » fit la comtesse Labinska en présentant les gentilshommes l'un à l'autre.

Les deux hommes se saluèrent froidement en se lançant des regards fauves à travers le masque de marbre de la politesse mondaine, qui recouvre parfois tant d'atroces passions.

« Vous m'avez tenu rigueur depuis Florence, monsieur Octave, dit la comtesse d'une voix amicale et familière, et j'avais peur de quitter Paris sans vous voir.—Vous étiez plus assidu à la villa Salviati, et vous comptiez alors parmi mes fidèles. »

« Madame, répondit d'un ton contraint le faux Octave, j'ai voyagé, j'ai été souffrant, malade même, et en recevant votre gracieuse invitation, je me suis demandé si j'en profiterais, car il ne faut pas être égoïste et abuser de l'indulgence qu'on veut bien avoir pour un ennuyeux. »

« Ennuyé peut-être; ennuyeux, non, répliqua la comtesse; vous avez toujours été mélancolique, — mais un de vos poëtes ne dit-il pas de la mélancolie :

Après l'oisiveté, c'est le meilleur des maux.

« C'est un bruit que font courir les gens heureux pour se dispenser de plaindre ceux qui souffrent, dit Olaf de Saville. »

La comtesse jeta un regard d'une ineffable douceur sur le comte, enfermé dans la forme d'Octave, comme pour lui demander pardon de l'amour qu'elle lui avait involontairement inspiré.

« Vous me croyez plus frivole que je ne

suis; toute douleur vraie a ma pitié, et si je
ne puis la soulager, j'y sais compatir. — Je
vous aurais voulu heureux, cher monsieur
Octave; mais pourquoi vous êtes-vous cloîtré
dans votre tristesse, refusant obstinément la
vie qui venait à vous avec ses bonheurs, ses
enchantements et ses devoirs? Pourquoi avez-
vous refusé l'amitié que je vous offrais? »

Ces phrases si simples et si franches im-
pressionnaient diversement les deux audi-
teurs. — Octave y entendait la confirmation
de la sentence prononcée au jardin Salviati,
par cette belle bouche que jamais ne souilla
le mensonge; Olaf y puisait une preuve de
plus de l'inaltérable vertu de la femme, qui
ne pouvait succomber que par un artifice diabolique. Aussi une rage subite s'empara de
lui en voyant son spectre animé par une autre
âme installé dans sa propre maison, et il s'é-
lança à la gorge du faux comte.

« Voleur, brigand, scélérat, rends-moi ma
peau ! »

A cette action si extraordinaire, la comtesse
se pendit à la sonnette, des laquais empor-
tèrent le comte.

« Ce pauvre Octave est devenu fou ! » dit Prascovie pendant qu'on emmenait Olaf, qui se débattait vainement.

« Oui, répondit le véritable Octave, fou d'amour ! — Comtesse, vous êtes décidément trop belle ! »

XI

Deux heures après cette scène, le faux
comte reçut du vrai une lettre fermée avec le
cachet d'Octave de Saville, — le malheureux
dépossédé n'en avait pas d'autre à sa dispo-
tion. Cela produisit un effet bizarre à l'usur-
pateur de l'entité d'Olaf Labinski de décache-
ter une missive scellée de ses armes, mais
tout devait être singulier dans cette position
anormale.

La lettre contenait les lignes suivantes,
tracées d'une main contrainte et d'une écri-
ture qui semblait contrefaite, car Olaf n'avait
pas l'habitude d'écrire avec les doigts d'Octave :

« Lue par tout autre que par vous, cette
lettre paraîtrait datée des Petites-Maisons,
mais vous me comprendrez. Un concours
inexplicable de circonstances fatales, qui ne
se sont peut-être jamais produites depuis que

la terre tourne autour du soleil, me force à
une action que nul homme n'a faite. Je m'écris
à moi-même et mets sur cette adresse un nom
qui est le mien, un nom que vous m'avez volé
avec ma personne. De quelles machinations
ténébreuses suis-je victime, dans quel cercle
d'illusions infernales ai-je mis le pied, je
l'ignore—vous le savez, sans doute. Ce secret,
si vous n'êtes point un lâche, le canon de
mon pistolet ou la pointe de mon épée vous
le demandera sur un terrain où tout homme
honorable ou infâme répond aux questions
qu'on lui pose ; il faut que demain l'un de
nous ait cessé de voir la lumière du ciel. Ce
large univers est maintenant trop étroit pour
nous deux — je tuerai mon corps habité par
votre esprit imposteur où vous tuerez le vôtre,
où mon âme s'indigne d'être emprisonnée.
—N'essayez pas de me faire passer pour
fou —j'aurai le courage d'être raisonnable,
et, partout où je vous rencontrerai, je vous
insulterai avec une politesse de gentilhomme,
avec un sang-froid de diplomate ; les mous-
taches de M. le comte Olaf Labinski peuvent
déplaire à M. Octave de Saville, et tous les

jours on se marche sur le pied à la sortie de
l'Opéra, mais j'espère que mes phrases, bien
qu'obscures, n'auront aucune ambiguïté pour
vous, et que mes témoins s'entendront parfaitement avec les vôtres pour l'heure, le lieu
et les conditions du combat. »

Cette lettre jeta Octave dans une grande
perplexité. Il ne pouvait refuser le cartel du
comte, et cependant il lui répugnait de se
battre avec lui-même, car il avait gardé pour
son ancienne enveloppe une certaine ten-
dresse. L'idée d'être obligé à ce combat par
quelque outrage éclatant le fit se décider
pour l'acceptation, quoique, à la rigueur, il
pût mettre à son adversaire la camisole de
force de la folie et lui arrêter ainsi le bras,
mais ce moyen violent répugnait à sa délicatesse. Si, entraîné par une passion inéluc-
table, il avait commis un acte répréhensible
et caché l'amant sous le masque de l'époux
pour triompher d'une vertu au-dessus de
toutes les séductions, il n'était pas pourtant
un homme sans honneur et sans courage; ce
parti extrême, il ne l'avait d'ailleurs pris
qu'après trois ans de luttes et de souffrances,

11

au moment où sa vie, consumée par l'amour, allait lui échapper. Il ne connaissait pas le comte; il n'était pas son ami; il ne lui devait rien, et il avait profité du moyen hasardeux que lui offrait le docteur Balthazar Cherbonneau.

Où prendre des témoins? Sans doute parmi les amis du comte; mais Octave, depuis un jour qu'il habitait l'hôtel, n'avait pu se lier avec eux.

Sur la cheminée s'arrondissaient deux coupes de céladon craquelé, dont les anses étaient formées par des dragons d'or. L'une contenait des bagues, des épingles, des cachets et autres menus bijoux; — l'autre des cartes de visite où, sous des couronnes de duc, de marquis, de comte, en gothique, en ronde, en anglaise, étaient inscrits par des graveurs habiles une foule de noms polonais, russes, hongrois, allemands, italiens, espagnols, attestant l'existence voyageuse du comte, qui avait des amis dans tous les pays.

Octave en prit deux au hasard : le comte Zamoyeczky et le marquis de Sepulveda.—Il ordonna d'atteler et se fit conduire chez eux.

Il les trouva l'un et l'autre. Ils ne parurent pas surpris de la requête de celui qu'ils prenaient pour le comte Olaf Labinski. — Totalement dénués de la sensibilité des témoins bourgeois, ils ne demandèrent pas si l'affaire pouvait s'arranger et gardèrent un silence de bon goût sur le motif de la querelle, en parfaits gentilshommes qu'ils étaient.

De son côté, le comte véritable, ou, si vous l'aimez mieux, le faux Octave, était en proie à un embarras pareil; il se souvint d'Alfred Humbert et de Gustave Raimbaud, au déjeuner duquel il avait refusé d'assister, et il les décida à le servir en cette rencontre. — Les deux jeunes gens marquèrent quelque étonnement de voir engagé dans un duel leur ami, qui depuis un an n'avait presque pas quitté sa chambre, et dont ils savaient l'humeur plus pacifique que batailleuse; mais lorsqu'il leur eut dit qu'il s'agissait d'un combat à mort pour un motif qui ne devait pas être révélé, ils ne firent plus d'objections et se rendirent à l'hôtel Labinski.

Les conditions furent bientôt réglées. Une pièce d'or jetée en l'air décida de l'arme, les adversaires ayant déclaré que l'épée ou le pistolet leur convenait également. On devait se rendre au bois de Boulogne à six heures du matin dans l'avenue des Poteaux, près de ce toit de chaume soutenu par des piliers rustiques, à cette place libre d'arbres où le sable tassé présente une arène propre à ces sortes de combats.

Lorsque tout fut convenu, il était près de minuit, et Octave se dirigea vers la porte de l'appartement de Prascovie. Le verrou était tiré comme la veille, et la voix moqueuse de la comtesse lui jeta cette raillerie à travers la porte :

« Revenez quand vous saurez le polonais, je suis trop patriote pour recevoir un étranger chez moi. »

Le matin, le docteur Cherbonneau, qu'Octave avait prévenu, arriva portant une trousse d'instruments de chirurgie et un paquet de bandelettes.—Ils montèrent ensemble en voiture. MM. Zamoyeczky et de Sepulveda suivaient dans leur coupé.

« Eh bien, mon cher Octave, dit le docteur, l'aventure tourne donc déjà au tragique? J'aurais dû laisser dormir le comte dans votre corps une huitaine de jours sur mon divan. J'ai prolongé au delà de cette limite des sommeils magnétiques. Mais on a beau avoir étudié la sagesse chez les brahmes, les pandits et les sannyâsis de l'Inde, on oublie toujours quelque chose, et il se trouve des imperfections au plan le mieux combiné. Mais comment la comtesse Prascovie a-t-elle accueilli son amoureux de Florence ainsi déguisé? »

« Je crois, répondit Octave, qu'elle m'a reconnu malgré ma métamorphose, ou bien c'est son ange gardien qui lui a soufflé à l'oreille de se méfier de moi; je l'ai trouvée aussi chaste, aussi froide, aussi pure que la neige du pôle. Sous une forme aimée, son âme exquise devinait sans doute une âme étrangère. — Je vous disais bien que vous ne pouviez rien pour moi; je suis plus malheureux encore que lorsque vous m'avez fait votre première visite. »

« Qui pourrait assigner une borne aux facultés de l'âme, dit le docteur Balthazar Cherbonneau d'un air pensif, surtout lorsqu'elle n'est altérée par aucune pensée terrestre, souillée par aucun limon humain, et se maintient telle qu'elle est sortie des mains du Créateur dans la lumière, la contemplation et l'amour?—Oui, vous avez raison, elle vous a reconnu; son angélique pudeur a frissonné sous le regard du désir et, par instinct, s'est voilée de ses ailes blanches. Je vous plains, mon pauvre Octave! votre mal est en effet irrémédiable.—Si nous étions au moyen âge, je vous dirais : Entrez dans un cloître. »

« J'y ai souvent pensé, » répondit Octave. .

On était arrivé.—Le coupé du faux Octave stationnait déjà à l'endroit désigné.

Le bois présentait à cette heure matinale un aspect véritablement pittoresque que la fashion lui fait perdre dans la journée : l'on était à ce point de l'été où le soleil n'a pas encore eu le temps d'assombrir le vert du feuillage; des teintes fraîches, transparentes, lavées par la rosée de la nuit, nuançaient les massifs, et il s'en dégageait un parfum de jeune végétation. Les arbres, à cet endroit, sont particulièrement beaux, soit qu'ils aient rencontré un terrain plus favorable, soit qu'ils survivent seuls d'une plantation ancienne, leurs troncs vigoureux, plaqués de mousses ou satinés d'une écorce d'argent, s'agrafent au sol par des racines noueuses, projettent des branches aux coudes bizarres, et pourraient servir de modèles aux études des peintres et des décorateurs qui vont bien loin en chercher de moins remarquables. Quelques oiseaux que les bruits du jour font taire pépiaient gaiement sous la feuillée; un lapin furtif traversait en trois bonds le sable de l'allée et courait se cacher dans l'herbe, effrayé du bruit des roues.

Ces poésies de la nature surprise en déshabillé occupaient peu, comme vous le pensez, les deux adversaires et leurs témoins.

La vue du docteur Cherbonneau fit une impression désagréable sur le comte Olaf Labinski; mais il se remit bien vite.

L'on mesura les épées, l'on assigna les places aux combattants, qui, après avoir mis habit bas, tombèrent en garde pointe contre pointe.

Les témoins crièrent : « Allez ! »

Dans tout duel, quel que soit l'acharnement

des adversaires, il y a un moment d'immobilité solennelle ; chaque combattant étudie son ennemi en silence et fait son plan , méditant l'attaque et se préparant à la riposte ; puis les épées se cherchent, s'agacent, se tâtent pour ainsi dire sans se quitter : cela dure quelques secondes, qui paraissent des minutes, des heures, à l'anxiété des assistants.

Ici les conditions du duel, en apparence ordinaires pour les spectateurs, étaient si étranges pour les combattants, qu'ils restèrent ainsi en garde plus longtemps que de coutume. En effet, chacun avait devant soi son propre corps et devait enfoncer l'acier dans une chair qui lui appartenait encore la veille.—Le combat se compliquait d'une sorte de suicide non prévue, et, quoique braves tous deux, Octave et le comte éprouvaient une instinctive horreur à se trouver l'épée à la main en face de leurs fantômes et prêts à fondre sur eux-mêmes.

Les témoins impatientés allaient crier encore une fois : « Messieurs, mais allez donc ! » lorsque les fers se froissèrent enfin sur leurs carres.

Quelques attaques furent parées avec prestesse de part et d'autre.

Le comte, grâce à son éducation militaire, était un habile tireur; il avait moucheté le plastron des maîtres les plus célèbres; mais, s'il possédait toujours la théorie, il n'avait plus pour l'exécution ce bras nerveux habitué à tailler des croupières aux Mourides de Schamyl; c'était le faible poignet d'Octave qui tenait son épée.

Au contraire, Octave, dans le corps du comte, se trouvait une vigueur inconnue, et, quoique moins savant, il écartait toujours de sa poitrine le fer qui la cherchait.

Vainement Olaf s'efforçait d'atteindre son adversaire et risquait des bottes hasardeuses. Octave, plus froid et plus ferme, déjouait toutes les feintes.

La colère commençait à s'emparer du comte, dont le jeu devenait nerveux et désordonné. Quitte à rester Octave de Saville, il voulait tuer ce corps imposteur qui pouvait tromper Prascovie, pensée qui le jetait en d'inexprimables rages.

Au risque de se faire transpercer, il essaya

un coup droit pour arriver, à travers son propre corps, à l'âme et à la vie de son rival ; mais l'épée d'Octave se lia autour de la sienne avec un mouvement si preste, si sec, si irrésistible, que le fer, arraché de son poing, jaillit en l'air et alla tomber quelques pas plus loin.

La vie d'Olaf était à la discrétion d'Octave: il n'avait qu'à se fendre pour le percer de part en part. — La figure du comte se crispa, non qu'il eût peur de la mort, mais il pensait qu'il allait laisser sa femme à ce voleur de corps, que rien désormais ne pourrait démasquer.

Octave, loin de profiter de son avantage, jeta son épée, et, faisant signe aux témoins de ne pas intervenir, marcha vers le comte stupéfait, qu'il prit par le bras et qu'il entraîna dans l'épaisseur du bois.

« Que me voulez-vous? dit le comte. Pourquoi ne pas me tuer lorsque vous pouvez le faire? Pourquoi ne pas continuer le combat, après m'avoir laissé reprendre mon épée, s'il vous répugnait de frapper un homme sans armes ? Vous savez bien que le soleil ne doit pas projeter ensemble nos deux ombres sur le sable, et qu'il faut que la terre absorbe l'un de nous. »

« Écoutez-moi patiemment, répondit Octave. Votre bonheur est entre mes mains. Je puis garder toujours ce corps où je loge aujourd'hui et qui vous appartient en propriété légitime ; je me plais à le reconnaître maintenant qu'il n'y a pas de témoins près de nous, et que les oiseaux seuls, qui n'iront pas le redire, peuvent nous entendre : si nous recommençons le duel, je vous tuerai. Le comte Olaf Labinski, que je représente du moins mal que je peux, est plus fort à l'escrime qu'Octave de Saville, dont vous avez maintenant la figure, et que je serai forcé, bien à regret, de supprimer ; et cette mort, quoique non réelle, puisque mon âme y survivrait, désolerait ma mère. »

Le comte, reconnaissant la vérité de ces observations, garda un silence qui ressemblait à une sorte d'acquiescement.

« Jamais, continua Octave, vous ne parviendrez, si je m'y oppose, à vous réintégrer dans votre individualité ; vous voyez à quoi ont abouti vos deux essais. D'autres tentatives vous feraient prendre pour un monomane.

Personne ne croira un mot de vos alléga-
tions, et, lorsque vous prétendrez être le
comte Olaf Labinski, tout le monde vous écla-
tera de rire au nez, comme vous avez déjà
pu vous en convaincre. On vous enfermera,
et vous passerez le reste de votre vie à pro-
tester sous les douches que vous êtes effecti-
vement l'époux de la belle comtesse Prascovie
Labinska. Les âmes compatissantes diront en
vous entendant : Ce pauvre Octave ! Vous serez
méconnu comme le Chabert de Balzac, qui
voulait prouver qu'il n'était pas mort. »

Cela était si mathématiquement vrai, que
le comte abattu laissa tomber sa tête sur sa
poitrine.

« Puisque vous êtes pour le moment Octave
de Saville, vous avez sans doute fouillé ses
tiroirs, feuilleté ses papiers ; et vous n'ignorez
pas qu'il nourrit depuis trois ans pour la comtesse Prascovie Labinska un amour éperdu,
sans espoir, qu'il a vainement tenté de s'arra-
cher du cœur et qui ne s'en ira qu'avec sa
vie, s'il ne le suit pas encore dans la tombe. »

« Oui, je le sais, » fit le comte en se mor-
dant les lèvres.

« Eh bien, pour parvenir à elle j'ai employé
un moyen horrible, effrayant, et qu'une passion délirante pouvait seule risquer ; le docteur
Cherbonneau a tenté pour moi une œuvre à
faire reculer les thaumaturges de tous les
pays et de tous les siècles. Après nous avoir
tous deux plongés dans le sommeil, il a fait
magnétiquement changer nos âmes d'enveloppe. Miracle inutile ! Je vais vous rendre
votre corps : Prascovie ne m'aime pas ! Dans
la forme de l'époux elle a reconnu l'âme de
l'amant ; son regard s'est glacé sur le seuil de
la chambre conjugale comme au jardin de la
villa Salviati. »

Un chagrin si vrai se trahissait dans l'accent d'Octave, que le comte ajouta foi à ses
paroles.

« Je suis un amoureux, ajouta Octave en souriant, et non pas un voleur ; et puisque le seul
bien que j'aie désiré sur cette terre ne peut
m'appartenir, je ne vois pas pourquoi je garde-
rais vos titres, vos châteaux, vos terres, votre
argent, vos chevaux, vos armes. — Allons,
donnez-moi le bras, ayons l'air réconciliés,
remercions nos témoins, prenons avec nous

le docteur Cherbonneau, et retournons au laboratoire magique d'où nous sommes sortis transfigurés; le vieux brahme saura bien défaire ce qu'il a fait. »

« Messieurs, dit Octave, soutenant pour quelques minutes encore le rôle du comte Olaf Labinski, nous avons échangé, mon adversaire et moi, des explications confidentielles qui rendent la continuation du combat inutile. Rien n'éclaircit les idées entre honnêtes gens comme de froisser un peu le fer. »

MM. Zamoyeczky et Sepulveda remontèrent dans leur voiture. Alfred Humbert et Gustave Raimbaud regagnèrent leur coupé. — Le comte Olaf Labinski, Octave de Saville et le docteur Balthazar se dirigèrent grand train vers la rue du Regard.

XII

Pendant le trajet du bois de Boulogne à la rue du Regard, Octave de Saville dit au docteur Cherbonneau :

« Mon cher docteur, je vais mettre encore une fois votre science à l'épreuve : il faut réintégrer nos âmes chacune dans son domicile habituel. — Cela ne doit pas vous être difficile ; j'espère que M. le comte Labinski ne vous en voudra pas pour lui avoir fait changer un palais contre une chaumière et logé quelques heures sa personnalité brillante dans mon pauvre individu. Vous possédez d'ailleurs une puissance à ne craindre aucune vengeance. »

Après avoir fait un signe d'acquiescement, le docteur Balthazar Cherbonneau dit : « L'opération sera beaucoup plus simple cette fois-ci que l'autre ; les imperceptibles filaments qui retiennent l'âme au corps ont été brisés récemment chez vous et n'ont pas eu le temps de se renouer, et vos volontés ne feront pas cet obstacle qu'oppose au magnétiseur la résistance instinctive du magnétisé. M. le comte pardonnera sans doute à un vieux savant comme moi de n'avoir pu résister au plaisir de pratiquer une expérience pour laquelle on ne trouve pas beaucoup de sujets, puisque cette tentative n'a servi d'ailleurs qu'à confirmer avec éclat une vertu qui pousse la délicatesse jusqu'à la divination, et triomphe là où toute autre eût succombé. Vous regarderez, si vous voulez, comme un rêve bizarre cette transformation passagère, et peut-être plus tard ne serez-vous pas fâché d'avoir éprouvé cette sensation étrange que très-peu d'hommes ont connue, celle d'avoir habité deux corps. — La métempsycose n'est pas une doctrine nouvelle, mais avant de transmigrer dans une autre existence, les âmes boivent la coupe d'oubli, et tout le monde ne peut pas, comme Pythagore, se souvenir d'avoir assisté à la guerre de Troie. »

« Le bienfait de me réinstaller dans mon individualité, répondit poliment le comte, équivaut au désagrément d'en avoir été exproprié, cela soit dit sans aucune mauvaise intention pour M. Octave de Saville que je suis encore et que je vais cesser d'être. »

Octave sourit avec les lèvres du comte Labinski à cette phrase, qui n'arrivait à son adresse qu'à travers une enveloppe étrangère, et le silence s'établit entre ces trois personnages, à qui leur situation anormale rendait toute conversation difficile.

Le pauvre Octave songeait à son espoir évanoui, et ses pensées n'étaient pas, il faut l'avouer, précisément couleur de rose. Comme tous les amants rebutés, il se demandait encore pourquoi il n'était pas aimé — comme si l'amour avait un pourquoi! la seule raison qu'on en puisse donner est le *parce que*, réponse logique dans son laconisme entêté, que les femmes opposent à toutes les questions embarrassantes. Cependant il se reconnaissait vaincu et sentait que le ressort de la vie, retendu chez lui un instant par le docteur Cherbonneau, était de nouveau brisé et bruissait dans son cœur comme celui d'une montre qu'on a laissé tomber à terre. Octave n'aurait pas voulu causer à sa mère le chagrin de son suicide, et il cherchait un endroit où s'éteindre silencieusement de son chagrin inconnu sous le nom scientifique d'une maladie plausible. S'il eût été peintre, poëte ou musicien, il aurait cristallisé sa douleur en chefs-d'œuvre, et Prascovie vêtue de blanc, couronnée d'étoiles, pareille à la Béatrice de Dante, aurait plané sur son inspiration comme un ange lumineux ; mais nous l'avons dit en commençant cette histoire, bien qu'instruit et distingué, Octave n'était pas un de ces esprits d'élite qui impriment sur ce monde la trace de leur passage. Ame obscurément sublime, il ne savait qu'aimer et mourir.

La voiture entra dans la cour du vieil hôtel de la rue du Regard, cour au pavé serti d'herbe verte où les pas des visiteurs avaient frayé un chemin et que les hautes murailles grises des constructions inondaient d'ombres froides comme celles qui tombent des arcades d'un cloître : le Silence et l'Immobilité veillaient sur le seuil comme deux statues invisibles pour protéger la méditation du savant.

Octave et le comte descendirent, et le doc-

teur franchit le marchepied d'un pas plus leste
qu'on n'aurait pu l'attendre de son âge et sans
s'appuyer au bras que le valet de pied lui présentait avec cette politesse que les laquais de
grande maison affectent pour les personnes
faibles ou âgées.

Dès que les doubles portes se furent refer-
mées sur eux, Olaf et Octave se sentirent en-
veloppés par cette chaude atmosphère qui
rappelait au docteur celle de l'Inde et où seulement il pouvait respirer à l'aise, mais qui
suffoquait presque les gens qui n'avaient pas
été comme lui torréfiés trente ans aux soleils
tropicaux. Les incarnations de Wishnou gri-
maçaient toujours dans leurs cadres, plus bizarres au jour qu'à la lumière ; Shiva, le dieu
bleu, ricanait sur son socle, et Dourga, mor-
dant sa lèvre calleuse de ses dents de sanglier,
semblait agiter son chapelet de crânes. Le logis gardait son impression mystérieuse et
magique.

Le docteur Balthazar Cherbonneau conduisit ses deux sujets dans la pièce où s'était opérée la première transformation ; il fit tourner
le disque de verre de la machine électrique,

agita les tiges de fer du baquet mesmérien,
ouvrit les bouches de chaleur de façon à faire
monter rapidement la température, lut deux
ou trois lignes sur des papyrus si anciens
qu'ils ressemblaient à de vieilles écorces prê-
tes à tomber en poussière, et lorsque quelques
minutes furent écoulées, il dit à Octave et au
comte :

« Messieurs, je suis à vous ; voulez-vous
que nous commencions ? »

Pendant que le docteur se livrait à ces pré-
paratifs, des réflexions inquiétantes passaient
par la tête du comte.

« Lorsque je serai endormi, que va faire
de mon âme ce vieux magicien à figure de
macaque qui pourrait bien être le diable en
personne ? — La restituera-t-il à mon corps
ou l'emportera-t-il en enfer avec lui ? Cet
échange qui doit me rendre mon bien n'est-il
qu'un nouveau piége, une combinaison ma-
chiavélique pour quelque sorcellerie dont le
but m'échappe ? Pourtant, ma position ne saurait guère empirer. Octave possède mon corps,
et comme il le disait très-bien ce matin, en le
réclamant sous ma figure actuelle je me fe-

rais enfermer comme fou. S'il avait voulu
se débarrasser définitivement de moi, il n'a-
vait qu'à pousser la pointe de son épée ; j'étais
désarmé, à sa merci ; la justice des hommes
n'avait rien à y voir ; les formes du duel
étaient parfaitement régulières et tout s'était
passé selon l'usage. — Allons ! pensons à Prascovie, et pas de terreur enfantine ! Essayons
du seul moyen qui me reste de la reconquérir !

Et il prit comme Octave la tige de fer que
le docteur Balthazar Cherbonneau lui présentait.

Fulgurés par les conducteurs de métal chargés à outrance de fluide magnétique, les deux
jeunes gens tombèrent bientôt dans un anéantissement si profond qu'il eût ressemblé à la
mort pour toute personne non prévenue : le
docteur fit les passes, accomplit les rites, prononça les syllabes comme la première fois, et
bientôt deux petites étincelles apparurent au-
dessus d'Octave et du comte avec un tremble-
ment lumineux ; le docteur reconduisit à sa
demeure primitive l'âme du comte Olaf Labinski, qui suivit d'un vol empressé le geste
du magnétiseur.

Pendant ce temps, l'âme d'Octave s'éloignait lentement du corps d'Olaf, et, au lieu de rejoindre le sien, s'élevait, s'élevait comme toute joyeuse d'être libre, et ne paraissait pas se soucier de rentrer dans sa prison. Le docteur se sentit pris de pitié pour cette Psyché qui palpitait des ailes, et se demanda si c'était un bienfait de la ramener vers cette vallée de misère. Pendant cette minute d'hésitation, l'âme montait toujours. Se rappelant son rôle, M. Cherbonneau répéta de l'accent le plus impérieux l'irrésistible monosyllabe et fit une passe fulgurante de volonté; la petite lueur tremblotante était déjà hors du cercle d'attraction, et, traversant la vitre supérieure de la croisée, elle disparut.

Le docteur cessa des efforts qu'il savait superflus et réveilla le comte, qui, en se voyant dans un miroir avec ses traits habituels, poussa un cri de joie, jeta un coup d'œil sur le corps toujours immobile d'Octave comme pour se prouver qu'il était bien définitivement débarrassé de cette enveloppe, et s'élança dehors, après avoir salué de la main M. Balthazar Cherbonneau.

Quelques instants après, le roulement sourd d'une voiture sous la voûte se fit entendre, et le docteur Balthazar Cherbonneau resta seul face à face avec le cadavre d'Octave de Saville.

« Par la trompe de Ganésa ! s'écria l'élève du brahme d'Elephanta lorsque le comte fut parti, voilà une fâcheuse affaire ; j'ai ouvert la porte de la cage, l'oiseau s'est envolé, et le voilà déjà hors de la sphère de ce monde, si loin que le sannyâsi Brahma-Logum lui-même ne le rattraperait pas ; je reste avec un corps sur les bras. Je puis bien le dissoudre dans un bain corrosif si énergique qu'il n'en resterait pas un atome appréciable, ou en faire en quelques heures une momie de Pharaon pareille à celles qu'enferment ces boîtes bariolées d'hiéroglyphes ; mais on commencerait des enquêtes, on fouillerait mon logis, on ouvrirait mes caisses, on me ferait subir toutes sortes d'interrogatoires ennuyeux... »

Ici, une idée lumineuse traversa l'esprit du docteur ; il saisit une plume et traça rapidement quelques lignes sur une feuille de papier qu'il serra dans le tiroir de sa table.

Le papier contenait ces mots :

« N'ayant ni parents, ni collatéraux, je lègue tous mes biens à M. Octave de Saville,
pour qui j'ai une affection particulière — à la
charge de payer un legs de cent mille francs
à l'hôpital brahminique de Ceylan, pour les
animaux vieux, fatigués où malades, de servir
douze cents francs de rente viagère à mon domestique indien et à mon domestique anglais,
et de remettre à la bibliothèque Mazarine le
manuscrit des lois de Manou. »

Ce testament fait à un mort par un vivant
n'est pas une des choses les moins bizarres
de ce conte invraisemblable et pourtant réel;
mais cette singularité va s'expliquer sur-le-
champ.

Le docteur toucha le corps d'Octave de Saville, que la chaleur de la vie n'avait pas encore abandonné, regarda dans la glace son
visage ridé, tanné et rugueux comme une peau
de chagrin, d'un air singulièrement dédai
gneux, et faisant sur lui le geste avec lequei
on jette un vieil habit lorsque le tailleur vous
en apporte un neuf, il murmura la formule du
sannyâsi Brahma-Logum.

Aussitôt le corps du docteur Balthazar Cherbonneau roula comme foudroyé sur le tapis, et celui d'Octave de Saville se redressa fort, alerte et vivace.

Octave-Cherbonneau se tint debout quelques minutes devant cette dépouille maigre, osseuse et livide qui, n'étant plus soutenue par l'âme puissante qui la vivifiait tout à l'heure, offrit presque aussitôt les signes de la plus extrême sénilité, et prit rapidement une apparence cadavéreuse.

« Adieu, pauvre lambeau humain, misérable guenille percée au coude, élimée sur toutes les coutures, que j'ai traînée soixante-dix ans dans les cinq parties du monde ! tu m'as fait un assez bon service, et je ne te quitte pas sans quelque regret. On s'habitue l'un et l'autre à vivre si longtemps ensemble ! mais avec cette jeune enveloppe, que ma science aura bientôt rendue robuste, je pourrai étudier, travailler, lire encore quelques mots du grand livre, sans que la mort le ferme au paragraphe le plus intéressant en disant : « C'est assez ! »

Cette oraison funèbre adressée à lui-même,

Octave-Cherbonneau sortit d'un pas tranquille pour aller prendre possession de sa nouvelle existence.

Le comte Olaf Labinski était retourné à son hôtel et avait fait demander tout de suite si la comtesse pouvait le recevoir.

Il la trouva assise sur un banc de mousse, dans la serre, dont les panneaux de cristal relevés à demi laissaient passer un air tiède et lumineux, au milieu d'une véritable forêt vierge de plantes exotiques et tropicales ; elle lisait Novalis, un des auteurs les plus subtils, les plus raréfiés, les plus immatériels qu'ait produits le spiritualisme allemand ; la comtesse n'aimait pas les livres qui peignent la vie avec des couleurs réelles et fortes, — et la vie lui paraissait un peu grossière à force d'avoir vécu dans un monde d'élégance, d'amour et de poésie.

Elle jeta son livre et leva lentement les yeux vers le comte. Elle craignait de rencontrer encore dans les prunelles noires de son mari ce regard ardent, orageux, chargé de pensées mystérieuses, qui l'avait si péniblement troublée et qui lui semblait — appréhension folle, idée extravagante, — le regard d'un autre !

Dans les yeux d'Olaf éclatait une joie sereine, brûlait d'un feu égal un amour chaste et pur ; l'âme étrangère qui avait changé l'expression de ses traits s'était envolée pour toujours : Prascovie reconnut aussitôt son Olaf adoré, et une rapide rougeur de plaisir nuança ses joues transparentes. — Quoiqu'elle ignorât les transformations opérées par le docteur Cherbonneau, sa délicatesse de sensitive avait pressenti tous ces changements sans pourtant qu'elle s'en rendît compte.

« Que lisiez-vous là, chère Prascovie ? dit Olaf en ramassant sur la mousse le livre relié de maroquin bleu. — Ah ! l'histoire de Henri d'Ofterdingen, — c'est le même volume que je suis allé vous chercher à franc étrier à Mohilev — un jour que vous aviez manifesté à table le désir de l'avoir. A minuit il était sur votre guéridon, à côté de votre lampe ; mais aussi Ralph en est resté poussif ! »

« Et je vous ai dit que jamais plus je ne manifesterais la moindre fantaisie devant vous. Vous êtes du caractère de ce grand d'Espagne qui priait sa maîtresse de ne pas regarder les étoiles, puisqu'il ne pouvait les lui donner. »

« Si tu en regardais une, répondit le comte, j'essaierais de monter au ciel et de l'aller demander à Dieu. »

Tout en écoutant son mari, la comtesse repoussait une mèche révoltée de ses bandeaux qui scintillait comme une flamme dans un rayon d'or. Ce mouvement avait fait glisser sa manche et mis à nu son beau bras que cerclait au poignet le lézard constellé de turquoises qu'elle portait le jour de cette apparition aux Cascines, si fatale pour Octave.

« Quelle peur, dit le comte, vous a causée jadis ce pauvre petit lézard que j'ai tué d'un coup de badine lorsque, pour la première fois, vous êtes descendue au jardin sur mes instantes prières! Je le fis mouler en or et orner de quelques pierres; mais, même à l'état de bijou, il vous semblait toujours effrayant, et ce n'est qu'au bout d'un certain temps que vous vous décidâtes à le porter. »

« Oh! j'y suis habituée tout à fait maintenant, et c'est, de mes joyaux, celui que je préfère, car il me rappelle un bien cher souvenir. »

« Oui, reprit le comte ; ce jour-là, nous convînmes que, le lendemain, je vous ferais demander officiellement en mariage à votre tante. »

La comtesse, qui retrouvait le regard, l'accent du vrai Olaf, se leva rassurée d'ailleurs par ces détails intimes, lui sourit, lui prit le bras et fit avec lui quelques tours dans la serre, arrachant au passage, de sa main restée libre, quelques fleurs dont elle mordait les pétales de ses lèvres fraîches, comme cette Vénus de Schiavone qui mange des roses.

« Puisque vous avez si bonne mémoire aujourd'hui, dit-elle en jetant la fleur qu'elle coupait de ses dents de perle, vous devez avoir retrouvé l'usage de votre langue maternelle... que vous ne saviez plus hier. »

« Oh ! répondit le comte en polonais, c'est celle que mon âme parlera dans le ciel pour te dire que je t'aime, si les âmes gardent au paradis un langage humain. »

Prascovie, tout en marchant, inclina doucement sa tête sur l'épaule d'Olaf.

« Cher cœur, murmura-t-elle, vous voilà tel que je vous aime. Hier vous me faisiez peur, et je vous ai fui comme un étranger. »

Le lendemain, Octave de Saville, animé par l'esprit du vieux docteur, reçut une lettre lisérée de noir, qui le priait d'assister aux service, convoi et enterrement de M. Balthazar Cherbonneau.

Le docteur, revêtu de sa nouvelle apparence, suivit son ancienne dépouille au cimetière, se vit enterrer, écouta d'un air de componction fort bien joué les discours que l'on prononça sur sa fosse, et dans lesquels on déplorait la perte irréparable que venait de faire la science ; puis il retourna rue Saint-Lazare, et attendit l'ouverture du testament qu'il avait écrit en sa faveur.

Ce jour-là on lut aux *faits divers* dans les journaux du soir :

« M. le docteur Balthazar Cherbonneau, connu par le long séjour qu'il a fait aux Indes, ses connaissances philologiques et ses cures merveilleuses, a été trouvé mort, hier, dans son cabinet de travail. L'examen minutieux du corps éloigne entièrement l'idée d'un crime. M. Cherbonneau a sans doute succombé à des fatigues intellectuelles excessives ou péri dans quelque expérience audacieuse. On dit qu'un testament olographe découvert dans le bureau du docteur lègue à la bibliothèque Mazarine des manuscrits extrêmement précieux, et nommé pour son héritier un jeune homme appartenant à une famille distinguée, M. O. de S.

FIN

Paris. Imprimerie de J. Claye, 7 rue Saint-Benoit.

OUVRAGES PUBLIÉS

Paris. — Imprimerie de J. Claye, rue Saint-Benoît, 7.